FOREIGN EXCHANGE

对一目均衡表进行了多方位的介绍，由浅至深、由表及里分别对该指标的构成、应用实例、量化复盘与基本面优化进行了阐述。

外汇交易金钥匙

FOREIGN EXCHANGE TRANSACTIONS GOLDEN KEY

邱凌诚 黄 洁 编著

经济管理出版社
ECONOMY & MANAGEMENT PUBLISHING HOUSE

图书在版编目（CIP）数据

外汇交易金钥匙：一目均衡表/邱凌诚，黄洁编著. —北京：经济管理出版社，2019.1
ISBN 978-7-5096-6307-3

Ⅰ. ①外…　Ⅱ. ①邱…　②黄…　Ⅲ. ①外汇交易—基本知识　Ⅳ. ①F830.92

中国版本图书馆 CIP 数据核字（2019）第 006682 号

组稿编辑：杨国强
责任编辑：杨国强　姜楷杰
责任印制：黄章平
责任校对：陈　颖

出版发行：经济管理出版社
　　　　　（北京市海淀区北蜂窝 8 号中雅大厦 A 座 11 层　100038）
网　　　址：www. E-mp. com. cn
电　　　话：（010）51915602
印　　　刷：玉田县昊达印刷有限公司
经　　　销：新华书店
开　　　本：720mm×1000mm/16
印　　　张：17
字　　　数：286 千字
版　　　次：2019 年 1 月第 1 版　2019 年 1 月第 1 次印刷
书　　　号：ISBN 978-7-5096-6307-3
定　　　价：58.00 元

自 序

俗话说"师傅领进门，修行在自身"，笔者在刚进入金融市场时，便跟着一位非常有经验的大学退休教授学习炒股技术一年有余，与许多渴望在金融市场获利的投资者相比，算是非常幸运的了。当年互联网信息技术并不十分发达，由于互联网信息科技的发展，现今投资者能够非常便利地从互联网上获取到许多金融市场的信息、技术，也能够非常容易地通过互联网寻找到在金融市场当中有投资经验的"投资大咖"，这是曾经根本无法想象的事情。

记得 1990 年上海证券交易所成立之初，许多上海市民成了中国金融开放浪潮中的先行者，在政府的号召下，他们由普通的市民、工人、科员、商人摇身一变，有了一个新的身份——"股民"。他们参与了股票认购证的认购，经历了1992 年 5 月 21 日中国股市开放 T+0 交易的股价保障，经历了自 1992 年 5 月 26 日最高点 1429 点至当年 11 月 17 日最低点 386 点的暴跌，历经了 327 国债期货事件之后中国金融期货叫停的冲击，经历了无数由于市场的不成熟、政府监管的变动、交易规则的变化等所带来的冲击，股民的身份逐渐在改变，股民的群体逐渐在改变，股民的思维也逐渐在改变。现在，他们叫作"投资者"，不管他们是不是，或许是带有笔者本人的一种感情和期望，笔者更愿意在这里称呼这样一群亲切的人作"投资者"；现在这群投资者越来越年轻化，2018 年，有许多"零零后"的年轻投资者能够在这个市场当中拥有自己的一个证券账户，不过是否能够叱咤风云于其中还需看个人能力了。现在更多的投资者不再冲动地进入证券市场，他们先了解、学习，后模拟、实操，有了许多祖辈、父辈在金融市场当中折戟的经验教训之后，他们变得更加的理性、稳重，对掌握新的金融交易技术、技巧有了更多的求知欲望。

我非常高兴地看到中国诸多投资者的改变。目前我所在的公司正在从事公益性的投资者教育事业，以期能够帮助更多中国投资者获得更好的金融投资信息，从事这项工作，令我感觉非常荣幸。在互联网科技处于爆炸式发展的今天，许多投资者能够在网络上轻易得到各样信息，但互联网上的信息良莠不齐，特别是在我国，中国金融市场的发展历经了从中华人民共和国成立至1990年半个多世纪的空白期，相关金融资料相对匮乏。有不少成熟的交易系统、指标在国外已被研究多年，但在国内却几乎找不到相关的研究资料，就拿本书希望向读者说明的技术指标"一目均衡表"来说，该技术指标由日本人发明了近百年，在诸多国外的交易看盘软件中都将其作为其软件自带的技术指标，供使用者自行加载至价格图表中使用，且在国外不乏专门论述一目均衡表的相关著作，该技术指标在国外的普及程度可见一斑，但在我国大陆地区竟难寻一本相关著作能够系统性地描述一目均衡表。

笔者经过多年金融交易策略的研究，不断地加深对自我的认识和了解，也逐渐由对主观交易策略的研究转向对量化交易策略的研究。一目均衡表这个指标在很多投资者眼里都仅仅是一个技术指标而已，与移动平均线、平滑异同曲线、布林通道等技术指标无异，但根据笔者对量化交易策略的研究，发现一目均衡表可谓是一个非常完整的交易系统，这些将在本书的应用篇中向读者说明。在本书中也将展示出与一目均衡表相关的诸多概率数据以供参考，以便读者能够对自己的交易系统做出适当的调整。当然，在全书中所有关于一目均衡表的信息内容均加入了我与我的投研团队对一目均衡表的应用理念与技巧。

最后，我衷心希望我国的投资者在金融交易的过程当中先行认识自己、了解自己，再认识市场、了解市场，能够不断提升自己，并在这个莫测又有趣的市场中稳定盈利。

目 录

第一篇　图表构成篇

第二篇　均衡理论篇

第三篇　应用篇

第一篇

图表构成篇

第一章　概述

作为本书的第一章，笔者将对一目均衡表及本书的内容做一个简单的概述，但是由于一目均衡表的各种特性与组成部分较多，我只能够尽力将一些繁复的概念简单化，并在较短的篇幅当中展现出来。本书主要介绍的操盘技术指标是由一目山人所创的一目均衡表，如果读者对本章当中所提及的内容有兴趣作更深入的了解，则可以翻阅与该内容相关的书籍与信息，我也会将我认为有参考价值的经典书目在本章中给予读者推荐。

第一节　背景介绍

一目均衡表源自于日本，Ichimoku Kinko Hyo 是其日文单词的发音，意思是"能够一眼就将平衡状态看明白的图表"，Hyo 在日文中就是图表的意思，其实就是指显示价格的行情分析图。虽说是图表，但并非所有的信息都能够从图表中直接得出，因此笔者在本书当中将一目均衡表的理论分为了两大块，一块为图表构成篇，一块为均衡理论篇，当然还有一部分蜡烛线的应用方法，笔者将其直接划归进应用篇，方便读者直接进行检索阅读。

其实一目均衡表与我国常用的 K 线（即蜡烛线）一样，都来源于日本。对日本文化有所了解的读者大多知道，日本商人特别喜欢对各类数据进行分析并制作数据表格图形，目前在金融市场上应用较广泛的有蜡烛线与一目均衡表。不过与蜡烛线不同的是，一目均衡表并不为众人所知。在我国最大的搜索引擎百度上尝试搜索蜡烛线与一目均衡表，蜡烛线的搜索结果约有 200 万个，而一目均衡表的搜索结果却只有 4 万多个。

目前，在我国并没有完整的有关一目均衡表的论述，相信许多投资者都翘首以盼有相关的著作来为其解析一目均衡表的使用方法。笔者并不能将一目均衡表的所有秘密解开，但求能够为读者带来一点启发，并有所助益。在本书中所有的论述与图表都使用蜡烛线，因为两者均出自于东方的哲学理念，建议将一目均衡表与蜡烛线结合起来使用，必然会有出人意料的结果。当然，因为蜡烛线是一个独立的交易体系与信号，所以在本书中不会过多地提及有关于蜡烛线的交易信号，如果读者对蜡烛线有兴趣，笔者在此推荐读者阅读史蒂夫·尼森所著的《日本蜡烛图技术——古老东方投资数的现代指南》或周翔所著的《酒田战法》，笔者所在的公司网站（www.iforexbrainy.com）中也会有较为详细的蜡烛线使用方法介绍，读者可以登录查看。

第二节　内容简介

本书主要介绍的内容是有关一目均衡表交易系统的相关组成部分与如何使用一目均衡表进行交易并优化。笔者将书中内容分三大块进行叙述，第一大块是一目均衡表的图表构成篇，其中主要叙述的是一目均衡表系统能够加载在数据图表中的技术指标，这些指标均能够通过数学公式的计算直观地展示在数据图表中；第二大块是均衡理论篇，了解完该篇的内容将能够更加深入地理解一目均衡表体系的使用，均衡理论与图表构成相辅相成，让整个一目均衡表交易系统更加立体并且可靠；第三大块是笔者根据自身的交易经验，将一目均衡表最基础但又最直接有效的使用方法呈现给读者。

笔者建议本书的读者需要有一定的真实交易经验，因为一目均衡表在金融交易市场中属于一个完整的交易体系，整个交易体系相对一般的技术指标更为宏观与立体，如果读者已经对金融交易有一定的认识，相信阅读本书对更好地认识一目均衡表会有莫大的帮助。

第三节　技术面分析与基本面分析

投资者在学习金融的伊始，必然会问那么几个问题：什么时候入场？什么时候出场？什么价格做多？什么价格做空？

随着交易学习的不断深入，会发现金融交易市场中有几种不同的交易分析方法，其中使用最广泛的两种是技术面分析与基本面分析。在我刚开始进入金融市场学习的时候，总是难以确切分辨两者之间的不同，只知技术面分析需要画图、画线，而基本面分析需要看报表，各种季报、半年报、年报，但现今作者能用非常简单的一句话来解释技术面分析与基本面分析的不同："技术面分析是分析价格的变化来预测将来的价格，基本面分析是分析价值的变化来预测将来的价格"。或许每一位投资者都会对技术面分析与基本面分析有着不同的见解，不过我建议读者可以先了解一下我对这两种分析方法做出的解释。

我们都知道，每一种分析方法背后都会有一群支持者，可能这些支持者并不是特别清楚自己用的是一种怎样的分析方法，只是觉得某种分析方法比较有效，或者比较适合自己的交易手法，就去使用了，实际上他们不单单是在使用一种分析方法，而是在使用一种分析理念。

先说基本面分析（Fundamental Analysis），笔者将其解释为分析价值的变化来预测将来的价格。因为基本面分析理论认为价格与价值之间会存在偏差，当（价格－价值）<0 时，在图 1.1 中可以看到，EURUSD 的汇率目前是 1.2326，经过全球金融市场及多国的经济分析后，计算得出欧元兑美元的汇率应当位于 1.3000 的位置，那目前汇率的价格便小于价值，此时便应当对 EURUSD 的汇率合约进行做多。

相反的是，当（价格－价值）>0 时，则应当对合约进行做空。其实基本面分析简而言之便是价格与价值之间孰高孰低的分析。但是价格能够直接显示在图表之中，价值的计算便是基本面分析中的难点与重点了。当然，如何进行基本面分析，如何对一个交易品种的价值进行计算的方法并不是本书所讨论的重点。

从广义上的技术面分析（Technical Analysis）来说，该种分析方法包括了所

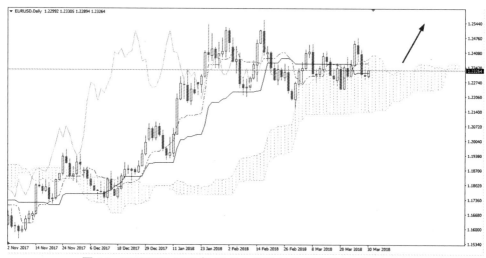

图 1.1　EURUSD 2017 年 11 月 2 日至 2018 年 3 月 30 日 DAILY

有对价格图表进行分析的方法，一目均衡表属于技术面分析当中的一种，与许多投资者认定的技术面分析就是在图表上画图画线是差不多的，对技术面分析有一点认识的投资者都会知道，所有的技术面分析指标均是由数理计算公式计算而成的，一目均衡表也不例外。

　　笔者将技术面分析归结为一种由过去与现在的价格，预测未来价格走势的一种分析方法，当然其理论依据也是非常重要而且关键的，技术面分析的理论根基有三条，缺一不可：

　　A. 市场行为包容一切；

　　B. 价格将以趋势的方式进行演变；

　　C. 历史上的价格变化会重演。

　　笔者在此不对这三条技术面分析的理论多做置评，因为有一点是能够肯定的，技术面分析的存在必定有其原因。根据概率学当中频率学派的说法，有了足够的样本才能知道一个事物出现的概率是多少，笔者在此就愿意相信技术面分析对市场预测所得出正确结果的概率是大于 50%的，因为只有这样，技术面分析的结果才会显得有意义（下节将阐述的"完整的交易系统"并不认可正确概率的大小对交易结果的直接意义）。

　　一目均衡表交易系统是包括图表构成、理论要素与蜡烛线形态的相互协调运用，这些都是根据市场价格与市场时间之间的关系所得出的结论。因此，一目均衡表作为技术面分析当中的一种分析方法，正确地理解与使用该项技术指标对投资者的操作获利是大有裨益的。

第四节　完整的交易系统

在上一节中，笔者简述了基本面分析与技术面分析能够告诉投资者在投资的过程中何时入场，入场是做多还是做空。但是完整的交易系统并不单单只有这些信息，会包括更多的信息，在图 1.2 中可以看到，完整的交易系统当中包括了挑选交易品种，选择入场点、出场点，选择交易的时间框架，选择持有多少手数的头寸等。

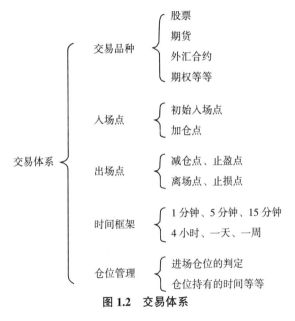

图 1.2　交易体系

其实基本面分析与技术面分析只能解决其中的一小部分，甚至可以说是一个不是特别重要的部分。但是许多投资者在进行交易的时候都会将目光聚焦在分析方法上，似乎胜率就是交易制胜的不二关键，不过根据笔者多年来的交易经验来说，胜率在交易市场中的重要程度相比仓位管理与赔率可以说能够被忽略不计，至于原因，笔者就举一个关于胜率与赔率的简单例子给到读者以便理解。

每一位读者都曾经尝试过在生活、工作中难以做决策的时候用抛硬币来做决策，其实抛硬币就是身边有关于胜率最好的例子。我们都知道抛硬币抛到正面的概率是50%，而抛到背面的概率也是50%，不管这个概率是对的还是错的，笔者在此处假定抛硬币抛到正面的概率是50%，而抛到背面的概率同样也是50%，这个50%就是胜率（既获胜的概率）。

赔率的解释则需要加一个额外的场景，有人要对抛硬币这个游戏的结果下注赌博，由于种种原因，导致最终拿100元猜抛硬币的结果是正面的人能够赚取50元，而背面的人能够赚取80元。这种情况下，结果是正面的赔率是1∶1.5，而结果是背面的赔率是1∶1.8。我们称结果是正面的赔率小，而结果是背面的赔率大。

其实就单单从胜率和赔率的简单概念当中我们就可以看出，胜率相等的情况下，赔率越大赚得越多，而赔率越小赚得越少。当胜率相等的情况下，赔率小于1，则说明整个交易系统是在亏钱。

第五节　案例及数据来源

由于笔者所在的公司目前受托管理的基金主要投资于外汇价差合约，因此在本书的论述当中，大多会以外汇货币的汇率价格为例，少数案例会使用全球其他金融市场的投资品种，其中包括美国、英国、中国等国家的数据。

除另有注明，本书均从数据服务商Tickstory处获取历史图表数据，图表是从俄罗斯的软件提供商迈达克（MetaQuotes Software Corp.）所提供的软件 Meta Trader 4 中截取的。

　　相关参考资料：《日本蜡烛图技术——古老东方投资术的现代指南》（史蒂夫·尼森　著）；《赌场式交易策略》（威斯曼　著）；《波浪理论》（拉尔夫·艾略特　著）；《Ichimoku Charts—An Introduction to Ichimoku Kinko Clouds》（Nicole Elliott　著）；《酒田战法》（周翔　著）。

第二章 一目均衡表在 MT4 中的应用

笔者目前所在的公司主要管理外汇场外合约交易基金，所使用的软件为 Meta Trader 4（简称 MT4），相信许多做过零售外汇交易的投资者对这个软件一定有所了解，但是该款软件强大的功能不仅限于能够看到实时价格与下单交易，各种自带的技术指标与 MQL4 的智能交易功能同样是值得我们关注的。先来看一下在 MT4 中如何在一般的图表当中加载一目均衡表（见图 2.1）。

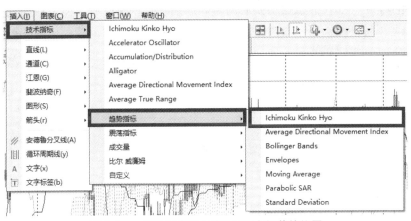

图 2.1 一目均衡表指标在 MT4 中加载的位置

从图 2.1 可以看到，虽然 MT4 有中文版本，但是在技术指标当中，所有的技术指标名称均为英文，我们能够在趋势指标中找到"Ichimoku Kinko Hyo"，点击之后会出现弹窗要求用户选择该技术指标的运算参数，一目均衡表默认的运算参数是 6、26、52，如果你发现弹窗中的参数不是这个默认数值，可以点击弹窗右下角的"默认"键进行参数的重置（见图 2.2）。

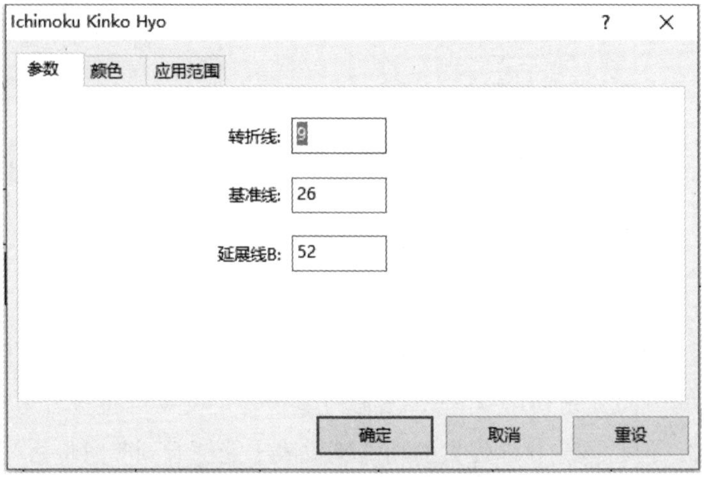

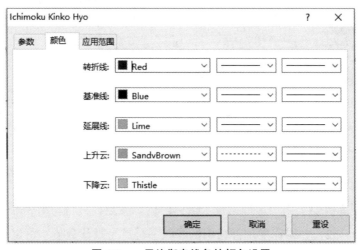

图 2.2　一目均衡表的参数设置

一般默认的是一目均衡表加载之后，在切换图表的时间周期时，一目均衡表会跟随着一同切换并根据切换后的时间周期进行重新计算，但是在加载一目均衡表时所出现的弹窗中，用户除了能够更改该指标的运算参数，还能够更改该指标的线型的颜色、粗细，该指标是否跟随时间框架的切换一同切换，以及哪些时间框架会出现该指标重新计算的线条（见图 2.3 与图 2.4）。

图 2.3　一目均衡表线条的颜色设置

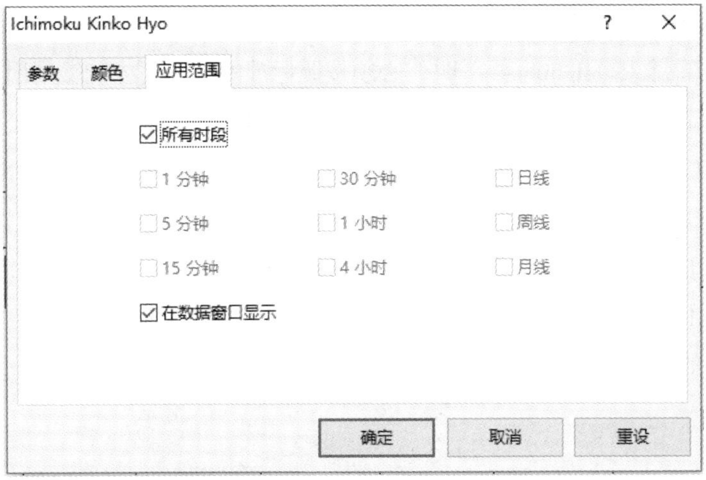

图 2.4　一目均衡表应用的时间范围

作为 MT4 中默认的技术指标，一目均衡表在 MQL4 中也有自带函数，对那些较为专业的投资者和希望通过编写代码来拥有自己的一套交易系统的普通投资者来说都提供了非常便利的条件。在图 2.5 中是 MQL4 帮助文件中所截取的有关于一目均衡表的内置函数的使用方法，在 MQL4 当中定义“iIchimoku”为一目均

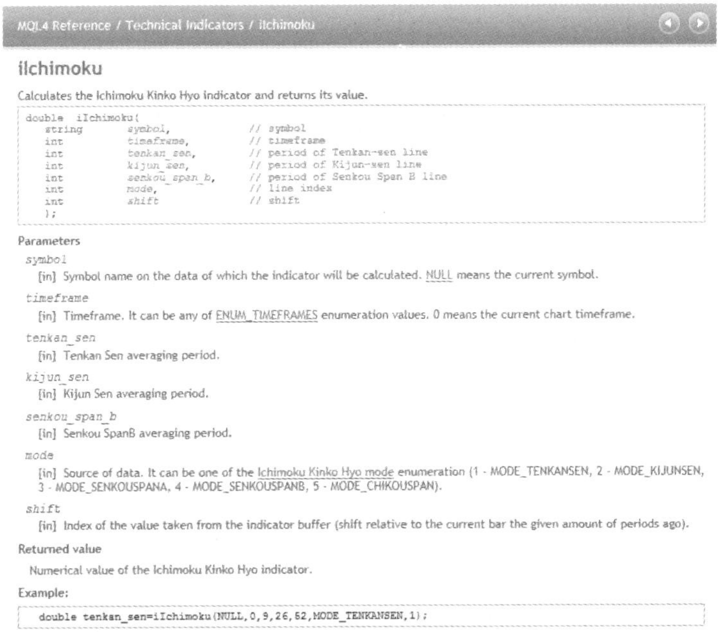

MQL4 Reference / Technical Indicators / iIchimoku

iIchimoku

Calculates the Ichimoku Kinko Hyo indicator and returns its value.

```
double  iIchimoku(
   string       symbol,            // symbol
   int          timeframe,         // timeframe
   int          tenkan_sen,        // period of Tenkan-sen line
   int          kijun_sen,         // period of Kijun-sen line
   int          senkou_span_b,     // period of Senkou Span B line
   int          mode,              // line index
   int          shift              // shift
   );
```

Parameters

symbol

[in] Symbol name on the data of which the indicator will be calculated. NULL means the current symbol.

timeframe

[in] Timeframe. It can be any of ENUM_TIMEFRAMES enumeration values. 0 means the current chart timeframe.

tenkan_sen

[in] Tenkan Sen averaging period.

kijun_sen

[in] Kijun Sen averaging period.

senkou_span_b

[in] Senkou SpanB averaging period.

mode

[in] Source of data. It can be one of the Ichimoku Kinko Hyo mode enumeration (1 - MODE_TENKANSEN, 2 - MODE_KIJUNSEN, 3 - MODE_SENKOUSPANA, 4 - MODE_SENKOUSPANB, 5 - MODE_CHIKOUSPAN).

shift

[in] Index of the value taken from the indicator buffer (shift relative to the current bar the given amount of periods ago).

Returned value

Numerical value of the Ichimoku Kinko Hyo indicator.

Example:

```
double tenkan_sen=iIchimoku(NULL,0,9,26,52,MODE_TENKANSEN,1);
```

图 2.5　一目均衡表的帮助文档

衡表的内置函数，不过需要注意的是，新版的 MT4 是能够辨别键入代码的大小写的，因此在键入"iIchimoku"时，必须按照标准的大小写才能够调用其函数。

调用该函数将能够计算得出该根蜡烛线所在的一目均衡表的五个组成部分，即转折线（Tenkan Sen）、基准线（Kijun Sen）、先行线 A（Senkou Span A）、先行线 B（Senkou Span B）与延迟线（Chikou Span）。这些一目均衡表的组成部分在 MQL4 的内置函数当中只需要调整一个 int mode 参数便可获得。在帮助文件的最后会显示该如何调用该内置函数，如果投资者在编写代码的过程当中发现有关 MQL4 的函数或语言问题，可以按键盘上的 F1 键，这样就可以进入帮助文件了。

第三章　转折线

一目均衡表给人最直观的认识是由五根线条构成图表体系，这五根线条有着不同的计算方法与方式，代表着不同周期的价格趋势与不同的图表含义，这五根线分别是：

（1）转折线（Tenkan Sen）；

（2）基准线（Kijun Sen）；

（3）延迟线（Chikou Span）；

（4）先行线 A（Senkou Span A）；

（5）先行线 B（Senkou Span B）。

不过，由先行线 A 与先行线 B 所组成的均衡云（Kumo Clound）在一目均衡表中有着比这两根线条更加重要的意义，因此在图 3.1 中的一目均衡表的图示中没有标识出先行线 A 与先行线 B，而是直接标识出了均衡云。

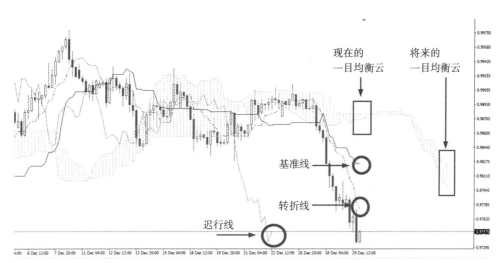

图 3.1　USDCHF 2017 年 12 月 6 日至 2017 年 12 月 29 日 H4

在本书当中，所有的图表都是黑白的，如果你希望获得更多有关一目均衡表的图示，可以登录网站 www.iforexbrainy.com，在网站中有大量关于一目均衡表的使用演示，相信这些信息能够帮助你更好地熟练使用这样一个神奇的技术指标。

一目均衡表的五根线在使用的时候应将其看成一个整体，虽然是由五根线所组成，并且有时候会让一些投资者在参考该指标时有种眼花缭乱的感觉，但是我认为一目均衡表的每一根线都只是在讲述故事的一小部分，犹如管中窥豹或是盲人摸象，只有将五根线全部结合在一起，才会将整个隐藏在价格波动背后的故事给叙述完整。有许多投资者在刚接触一目均衡表的时候都曾尝试着只使用其中两根线或三根线，甚至我见过很多投资者在大谈特谈如何只使用一目均衡表当中的一根线在市场当中进行盈利的方法，但是事实却是非常残忍，在经过一段时间之后，他们都以失败告终。那么使用好一目均衡表的关键点便是去理解五根线当中每一根线的意义以及这些线是如何在一起运作的，一旦你能够掌握这些，我相信你能够通过一目均衡表进行交易并且获利。另外需要一提的是，几乎所有技术指标的计算都是基于价格变化，而非时间变化，但一目均衡表有一点点的不同，这个技术指标当中包含着时间变化的要素，这个会在之后的章节当中进行详细的讨论。

转折线（Tenkan Sen）

本章是正式开始介绍一目均衡表图表构成的第一章，首先讨论的是转折线，它代表着价格的短期波动，计算公式是：

（过去 9 日的最高价+过去 9 日的最低价）÷2

注：9 这个数值是一目均衡表原作者所设定的默认值，意为 9 日。

Tenkan 在日语当中是转折、转身、转换的意思，一目山人将一目均衡表当中周期最短的一根曲线命名为 Tenkan Sen（转折线），便是提醒投资者小心价格将要到来的转变。

大多数的散户投资者与机构投资者会使用 10 周期收盘价的简单移动平均线（PERIOD=10；MODE=SMA；APPLIED PRICE=CLOSE）来表示短期趋势，但是这样简单易懂的平均线并没有将日间的价格波动性计算到其中，因此，将周期最高值与周期最低值的平均值计算在内的转折线就有了较大的优势。

在图 3.2 中将 9 周期收盘价的简单移动平均线与 9 周期的转折线放在一张图

表当中，相信有经验的投资者能够一眼看出来，简单移动平均线只是非常机械地跟随蜡烛线的走势进行运动，而一目均衡表中的转折线能够在较好的位置跟随着蜡烛线，不是太近也不是太远，因为我们都知道，不管是远还是近，都将影响转折线的时效性或者是有效性。从图 3.2 中框出来的两根蜡烛线也可以看出，9 周期的移动平均线已经被击穿，但是转折线却在稍远一点的位置，可见一目均衡表中转折线的计算方式确有其独到之处。

　　实际上，有很多人都会使用移动平均线作为他们交易的止损点位，如果是做多，跌破某一周期的平均线（平均线有多种类型，简单移动平均线、指数移动平均线等，应用的价格也各自不同，能够应用收盘价，也能够应用最高最低价的平均值，因人而异）之后就止损，但我觉得转折线似乎是一个更好的选择，正如刚才所提到的，转折线的计算方式更好地体现出了价格的波动，用它来做止损对短期的追踪趋势不会有太大的影响，而且能够很好地保护头寸。或许有些投资者听到止损会觉得心里有个非常难过的坎，但是笔者在这里需要强调的是，许多的投资者，特别是刚入门的投资者，因为没有在交易的一开始设定止损，最终将账户中所有的资金亏损殆尽。因此，如果你想成为一个至少不算是失败的投资者，那就必须得先学会如何设置止损，一目均衡表能够帮助你。

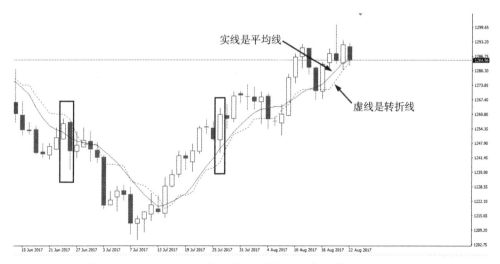

图 3.2　XAUUSD 2017 年 7 月 15 日至 2017 年 8 月 22 日 DAILY

　　读到这里，读者可能会有个问题，在笔者一开始接触到一目均衡表的时候也有碰到过，而且笔者相信之后在介绍基准线、迟行线、先行线 A、先行线 B 的时候同样会碰到，就是关于周期的设置，这节介绍的转折线的周期为9，那为什么是9呢？为什么不是10？为什么不是8？其实这是一个非常好的问题，但是说实话，从实际操作上来说并不存在一个完全正确的解释说9这个周期必然是对的或者是错的。单从一目均衡表的起源来说，我们只能够大致地揣测发明者的意图，当时日本金融市场定6个交易日为一周，9则意为1.5周的交易日，26则意为1个月的交易日，52代表着一年有52周。

而且现今的交易时间与一目均衡表发明之时的交易时间有着较大的区别。首先，当时的日本金融交易市场无法非常便利地计算4小时的蜡烛线、1小时的蜡烛线，更别说1分钟或者是5分钟的蜡烛线了，因此一目均衡表的所有计算参数均是以日蜡烛线为基准的计算。但随着生产力的提升与信息技术的发展，现在几乎家家户户都有个人电脑，每一个普通的投资者都能够轻易地使用计算机来获取小级别时间周期的蜡烛线信息。其次，当时的日本金融市场一周为6个交易日，而现在国际惯例为一周5个交易日。因此，有不少投资者不断尝试调整参数来满足行情的变化。笔者并不是反对这些投资者这样的做法，笔者曾经也尝试过类似的事情，但结果并不如愿。试想如果投资者更换了一个参数，必然会想着去更换其他的参数以作适应，就算一个参数的可选值只有10个，那一目均衡表共有3个参数，排列组合的可选值就有1000个，或许还有更多的可能性也非常难说。

我觉得没有必要花时间将一个已经历经几十年的交易系统去拟合市场现在不同的波动，我们更需要做的是根据市场运作的规律设计出来的交易系统将会在这个市场上获取最长久的稳定回报。所以让我们将目光转回一目均衡表本身，仔细理解这个神奇的交易系统。

关于转折线，有以下几个要点是需要注意的：

（1）做多环境：价格高于转折线。

（2）做空环境：价格低于转折线。

（3）转折线夹角：转折线应该与趋势方向一致，如果趋势向上，则转折线应该向上；如果趋势向下，则转折线也应该向下。转折线与水平线的夹角也意味着趋势的强弱，夹角越大，代表着趋势越强。在图3.3中，可以看到转折线的夹角非常大，因此可以判断目前价格在一个非常强的多头趋势当中。

（4）如果转折线趋平，则意味着价格在短期之内可能会开始震荡运动。如果你的账户里面还有持仓的话，那我建议你要注意了，因为震荡运动可能是新趋势

图 3.3　EURUSD 2017 年 4 月 6 日至 2017 年 4 月 18 日 H4

的开始，当然也有可能是反转的开始。

（5）转折线代表着短期的支撑位和阻力位。每当蜡烛线突破了转折线的时候，我们就要小心趋势会发生变化了，因为蜡烛线的突破实际上是突破了短期的支撑位或阻力位。如果是向下跌破支撑位，短期则可能下行；如果是向上突破阻力位，短期则可能上行。

（6）如果在趋势当中（已经判定是趋势当中），蜡烛线向趋势的反方向突破了转折线，则可能会有三种情况：

A. 短周期的小级别回撤：当价格突破了转折线但没有突破基准线，在转折线与基准线之间就获得了支撑或阻力之后，价格便沿着原来趋势的方向运动，这样的价格运动我们称之为短周期的小级别回撤。这样的回撤会经常出现在短线交易者获利了结之后，价格会出现这样的震荡，但是趋势交易者会依旧持有他们手头的仓位。

B. 短周期的大级别回撤：价格向原有趋势的反方向突破转折线与基准线，且一旦突破之后，价格又重新回到了原有趋势方向的回撤被称为短周期的大级别回撤。这种回撤是在趋势投资者对自己的持仓进行部分了解后的结果，但是他们并没有了解自己全部的仓位，因为他们认为趋势还会延续下去。

C. 趋势反转：情况 C 与情况 B 有点相似，就是价格都会向趋势的反方向突破转折线与基准线。但在情况 C 中，原来的趋势将不再延续下去，或者说在短时间内不再延续下去，取而代之的是震荡或者是一个新的相反方向的趋势出现。出现这种情况是由于那些做长线的趋势交易者正在清空他们原有的仓位，他们会逐步分批量地清空仓位，这样就形成了价格震荡；也会一次性全部清空仓位，这样价格可能就会出现突然的反转。

一般来说价格离转折线不会太远，但是如果价格离转折线太近，则说明趋势的延续得不到太多的动力；价格如果离转折线太远，则可能会有一定的回撤，因为一目均衡表的命名，就是因为它代表着一种均衡的哲学，如果离得太远，就代表着离这种均衡的关系太远了，因此会靠近，但是这种靠近也是相对的，可能是价格去靠近转折线，也有可能是转折线来靠近价格。图 3.4 中笔者用圆圈标注出来的部分就非常好地展现出了价格与转折线之间的关系，可能会因为太远而被均衡关系拉近，这种拉近可能会是刚才所述的回撤，也可能会是一个趋势反转的开始，不过不管怎么样，这样的情况都是需要投资者小心的。

图 3.4　EURUSD 2017 年 4 月 3 日至 2017 年 4 月 13 日 H4

第四章　基准线

　　基准线中的"基准"二字在日语当中是指"标准"，用作比较的参照物，法律规定的必须最低限度遵守的条件或状况、准则、准绳。正如一目均衡表的名称一样，这个基准线的功能也与其名字相同，主要是用作中期价格趋势判定的标准。

　　基准线（Kijun Sen）这个指标代表了价格的中期移动趋势，因此这个指标也是合乎许多投资者的使用习惯。先介绍一下基准线的计算公式：

　　（26 周期的最高价＋26 周期的最低价）÷2

　　基准线在技术指标的使用上有点像 30 周期收盘价的简单移动平均线，与上一节介绍转折线所类似的是，许多投资者与投资机构会用 30 周期收盘价的简单移动平均线作为中期价格趋势的指标。不过笔者使用了一目均衡表中的基准线之后，发现该技术指标能够更好地展现出交易品种的中期价格走势，与转折线相似的是，基准线同样使用了周期内的最高价与最低价的均值为指标的计算基础，并且 26 这个参数在一目均衡表发明者的发明之初代表着当时日本一个月的交易天数，因此用作中期价格趋势的追踪是个非常好的选择。

　　在一目均衡表里面，基准线扮演着非常重要的角色，就单从名字来看就知道这个指标非常重要，许多投资者在策略开发的时候会只用一目均衡表当中的一个指标或两个指标，那基准线就必然会在其中出现。

　　在使用基准线的过程当中需要注意下面几点：

　　（1）做多环境：价格在基准线上方。

　　（2）做空环境：价格在基准线下方。

　　基准线所指向的方向与趋势移动的方向相同，基准线与水平线的夹角越大，代表着趋势的强度越大。只有在当前价格高于 26 周期中最高价与最低价的均值时，基准线才会向上移动，在图 4.1 中可以看到，基准线一开始是水平的，然后开始向上移动，那是表明上升趋势可能开始启动了。因此，基准线的这个计算方法使得基准线与转折线有比较大的不同，基准线变化得更加缓慢，而且只有价格有了较大的变动时才会使基准线有所变化。

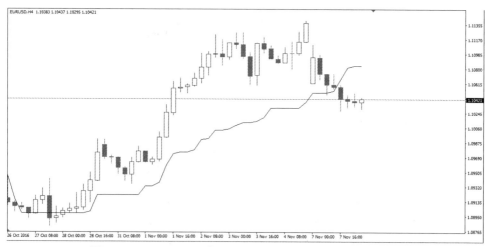

图 4.1　EURUSD 2016 年 10 月 26 日至 2016 年 11 月 7 日 H4

正如上文所述，价格必须要高于或者低于 26 周期中最高价与最低价的均值时才会使基准线的线形发生变化，那是不是意味着在趋势一开始的至少 26 天里面的价格变动会被我们所错过呢？答案是肯定的。在趋势一开始的时候我们肯定会错过，而且这也是一目均衡表在使用时的一个要点，要趋势自己能够证明自己的存在，但趋势又如何证明自己的存在呢？只有价格和时间能够说明这个问题。在趋势还没有确立的时候，我们为什么要承担这个风险去认为趋势已经存在并进场呢？在震荡行情当中进入市场并不是不行，但是去到一个正确的方向概率会比趋势确立之后再进入小很多。因此：

（1）当基准线水平移动的时候，代表着目前价格正在上下震荡，没有明显的趋势。

（2）基准线是一个非常关键的支撑位或阻力位。当蜡烛线向上或向下跌破基准线时，说明趋势可能将要反转或者是一个较大级别的回撤，因为如果价格没有穿过基准线的话，无论是趋势反转还是大级别的回撤都不可能存在。

（3）当价格穿过基准线的时候，也伴随着两种可能的情况：回撤与趋势反转。具体的判定还需要投资者通过其他的方式进行佐证。

在使用基准线的时候，我们一般以蜡烛线上的收盘价为标准。当价格远离基准线的时候说明行情向单一方向运动的速度快于基准线运动的速度，这种时候很有可能会发生价格反转，像地心引力吸引住周围的物体一样，基准线将吸引价格向它靠拢，并形成回撤或者是趋势的反转。

那问题就来了，价格究竟离基准线多远才算是远呢？因为基准线的参数是26 周期，正如上文所说的，很多投资者会将基准线定义为中期的趋势线，那么和一般的简单移动平均线一样，在中国就许多投资者喜欢使用 BIAS 这样的指标来判定价格与移动平均线之间的距离。那么怎样判定价格与基准线之间的距离是"远"，还是"不远"就显得非常重要。

为了定义"远"，笔者认为可以参考一下之前的一些回撤的历史价格走势，以此来定义究竟价格离基准线有多远是"远"或者是不够"远"。

图 4.2　EURUSD 2016 年 10 月 26 日至 2016 年 11 月 7 日 H4

在图 4.2 中可以看出价格离基准线较"远"的时候都会有一定的回撤，在短时间的图当中可能看得不是很清楚，如果使用长时间跨度的图表会更加多次地出现这样的回撤，投资者如果能够从中统计出一定的举例的话可能会在使用基准线上有所帮助，但是人工的统计需要相当大的工作量，将会耗费许多时间与精力。因此，根据价格波动率与之后价格走势的相关程度来看，我推荐使用 ATR 指标来判断价格与基准线之间的举例是否够"远"。

在图 4.3 与图 4.4 中可以看到，EURUSD 的汇率价格下跌超过了 2 个 14 周期的 ATR 时就发生反弹了。那么在这个交易品种与这个时间框架下面，大体上可以认为，当价格超过了 2 个 14 周期的 ATR 就应当算是价格与基准线有点"远"了，那么在价格够"远"的时候，就应当小心价格可能会发生反转。在这个例子当中我们看到的是价格趋势是向下的，意味着如果投资者是处于持仓状态的，那么应该减仓或者平仓；如果投资者尚未进场，但是觉得价格的总体趋势依旧是向下的，那么在这样价格远离基准线的位置也不是一个很好的入场点，需要投资者再耐心等待价格与基准线的距离变得不那么"远"的时候再入场。如果价格趋势是向上的，原理也相同，只不过是方向相反而已，读者可以在自己的看盘软件上尝试着分析一下在上涨趋势中与下跌趋势中是否会对"远"的定义有所不同。

图 4.3　EURUSD 2016 年 10 月 11 日至 2016 年 10 月 21 日 H4

图 4.4　EURUSD 2016 年 10 月 13 日至 2016 年 10 月 25 日 H4

第五章　迟行线

笔者将介绍的第三个图表构成部分是迟行线。迟行线（Kijun Sen）其实是一个非常简单的技术指标，以至该指标连计算公式都没有。迟行线的线形就是将当前蜡烛线图的收盘价向左平移 26 个周期所形成（见图 5.1）。

图 5.1　GBPUSD 2018 年 2 月 8 日至 2018 年 3 月 15 日 H4

这个指标代表着价格的动能强度，换句话说，这个指标可以用来告诉我们趋势是否存在。我们在判定趋势的时候要一直提醒自己，趋势的本质就是价格向一个特定的方向持续运动了一段时间，而这个迟行线就有这样的功能，至少它能够告诉我们目前的价格是在 26 个周期之前的价格的上面还是下面（也就是涨还是跌）。

迟行线是我最喜欢的一目均衡表的指标之一，因为这个指标告诉我们 26 周期之内价格的趋势是什么样子的，简单来说，这个指标就是将现在的价格与 26

个周期之前的价格做对比。在使用迟行线的时候有以下几点是需要注意的：

（1）多头环境：迟行线在 26 个周期之前的价格的上方；

（2）空头环境：迟行线在 26 个周期之前的价格的下方；

（3）震荡环境：迟行线在 26 个周期之前的价格里面，或者是离当时的价格非常近。

迟行线是一个动能指标，投资者可以判定迟行线是否在将要移动到迟行线所在位置之后几个周期的蜡烛线当中，我一般会选择参考 5~10 个周期为准。如果说迟行线之后有很大概率会移动到蜡烛线里去，则代表着趋势的动能还是不太足够。如果我们要以这个作为交易信号的话，我建议再等一等。

根据技术分析理论，过去的价格走势一般都会在将来形成支撑位或者是阻力位，在一目均衡表的迟行线当中也非常好地体现出了这一点。如果迟行线有趋势将在 5~10 个周期里面进入到蜡烛线当中，那么趋势便不是太强，如果迟行线将要进入到一个"开放空间"中去，则意味着现在的价格不会进入到过去的价格所形成的支撑位或阻力位当中去，在这个时候入场交易应该是比较安全的。

图 5.2 中的迟行线表现的就是一个趋势动能较强的例子，迟行线的右侧几乎没有遮拦，并且如果上涨继续按照目前的速率进行，将不会接触到任何的蜡烛线。

图 5.2　AUDUSD 2018 年 2 月 2 日至 2018 年 3 月 9 日 H4

图 5.3 中的迟行线展示了迟行线动能较弱的例子，可以看到迟行线在两根蜡

烛线周期之前从下方上穿至目前的位置，但是迟行线与右侧蜡烛线之间的距离非常近，随时一个小的回调都有可能会重新进入到蜡烛线当中或者是回到蜡烛线的下方，这就是上涨动能不足的情况。

图 5.3　AUDUSD 2018 年 1 月 30 日至 2018 年 3 月 6 日 H4

因此当使用迟行线来判断动能强弱的时候，我建议在图表上自行画上小箱体来做辅助判断，小箱体看上去会有一点神奇，但是使用起来却非常的简单。如图 5.4 中，价格呈现一个上涨的态势，我们就以迟行线为起点，向右上方与右下方各画两个正方形的小箱体，能够看到右上方的箱体宽度就是 26 周期，右下方的箱体宽度较小，约 12 周期。如果判断目前价格是否处于做多环境下，则右上方的箱体大小代表着价格上行是否将会碰到前期的价格压力，右下方的箱体大小代表着目前上涨势头的相对强弱程度。如果判断是否做空，那么上下箱体的判断将倒换。

一般来说，笔者在应用小箱体方法的时候，会权衡上方箱体与下方箱体的相对大小关系。在判断是否做多的情况下，如果上方箱体很大，下方箱体几乎没有，那么说明上涨趋势可能刚开始，在这种情况下价格会有反复；如果上方箱体很大，下方箱体也很大，则说明上涨势头很可能已经接近尾声，如果判断是否做空的情况应该将上述的方法倒换过来。

图 5.4　GBPUSD 2017 年 5 月 23 日至 2017 年 6 月 27 日 H4

从图 5.5 中看到，这样的情况应该是判定是否做空，笔者在下方画了一个正方形，但是在上方根本甚至画不出一个正方形，这说明价格还有可能会反复，价格在当前的位置会有比较强的支撑，因此在之后几根蜡烛线周期里面价格确实有了反复（见图 5.6）。

图 5.5　GBPJPY 2017 年 9 月 7 日至 2017 年 9 月 25 日 H4

图5.6　GBPJPY 2017 年 8 月 29 日至 2017 年 10 月 3 日 H4

不过，在使用小箱体时我们需要知道两个关键点（以上涨判定是否做多为例）：

（1）上方小箱体无论如何都会比下方小箱体大，因为蜡烛线的上涨终究存在着斜率。

（2）如果上方小箱体的面积比较小，就说明上涨的动能不够。根据笔者的经验，如果上方小箱体的宽小于 20 根蜡烛线周期，说明上涨动能不足，建议不要介入做多。

迟行线作为一目均衡表组成部分中表达最为简单的一个指标在实际应用中的方法也最为简单，笔者也只是介绍了在一目均衡表中能够看得出的最简单的应用，而在本章当中的小箱体方法也是笔者在使用中得出的经验。

第六章　一目均衡云

有许多资料会告诉投资者一目均衡表的图表构成是有五条线，笔者在本书中也并不否认这种说法，但是细心的读者会发现在本书的目录及章节当中都没有单独地给先行线 A 与先行线 B 开辟一块属于它们的地方，原因非常简单，在整个一目均衡表里面，先行线 A 与先行线 B 是关联最大，而且是最密不可分的一对技术指标。如果将迟行线单独使用，可以代表价格的动能；如果将转折线单独使用，可以表示价格短期的趋势；如果将基准线单独使用，可以看出价格的中期趋势。仅有一目均衡云（Kumo Cloud），笔者认为先行线 A 与先行线 B 两者密不可分，缺一不可。

因此，在笔者全书所使用的看盘软件 MT4 中就对这一点做得非常彻底，内置的 Ichimoku Kinko Hyo 指标当中完全不让投资者设置先行线 A 与先行线 B 单独的颜色，只能够设置上升云（Up Kumo）与下降云（Down Kumo）的颜色（见图6.1）。

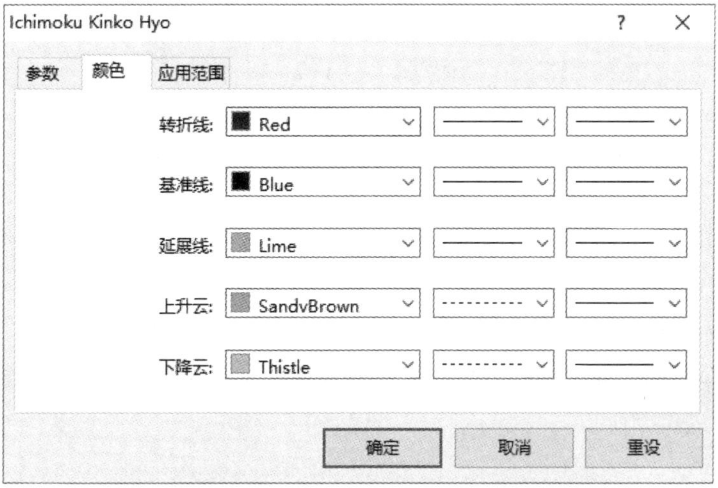

图 6.1　MT4 中一目均衡云线条的颜色设置界面

不过，我也不会武断地说先行线 A 或者先行线 B 单独使用是毫无价值的，只是就笔者的经验来看，目前尚未见过有某个交易系统将其中一根线取出来单独使用的。实际上，先行线 A 与先行线 B 在其计算方法上代表了长期的市场价格运动趋势，在真正运用时，几乎所有的投资者都习惯性地将它们放在一起使用，因为这样它们能够表达出更多的信息，让我们先来看一下先行线 A 与先行线 B 的计算公式。

先行线 A（Senkou Span A）的计算公式：

先行线 A：（转折线＋基准线）÷2 向右平移 26 个周期

先行线 B（Senkou Span B）的计算公式：

先行线 B：（52 周期的最高点＋52 周期的最低点）÷2 向右平移 26 个周期

其实笔者在图表构成篇的一开始就将一目均衡表的完整结构给展示出来了（见图 6.2）。我觉得在这里有必要再重新回顾一下。

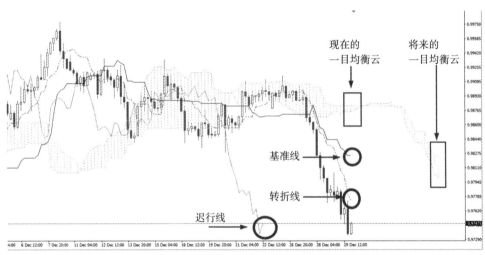

图 6.2　一目均衡表的组成示意图

根据组成一目均衡云的两根线的计算方法及一目均衡表的整体构成，笔者认为在使用一目均衡云的时候一共有两个点是能够使用的，也就是笔者在图 6.2 中直接以圆圈所标记出来的：现在的一目均衡云以及将来的一目均衡云，不过在实际应用当中，我们还需要注意过去的一目均衡云，笔者称之为云的阴影部分（见图 6.3）。

图 6.3　GBPJPY 2017 年 12 月 12 日至 2018 年 1 月 8 日 H4

在图 6.3 中，可以看到一目均衡云一共分为三个部分，过去、现在以及将来，这三个部分都是我们在介绍一目均衡云的时候将会使用到的。

因为一目均衡云分为上升云与下降云，而上升云与下降云的组成是相反的，所以笔者将先介绍如何判定一目均衡云的上升形态与下降形态。当先行线 A 在先行线 B 上方时所形成的云称之为上升云，当先行线 A 处于先行线 B 下方时所形成的是下降云。

在图 6.4 中，笔者已将一目均衡云的现在云和将来云的先行线 A、先行线 B 都标注出来了，可以看到当价格下行时，先行线 A 会运动较为快速，来到先行线 B 的下方，此时所形成的均衡云为下降云，在图 6.4 中，不管是现在云还是将来云都为下降云。

在图 6.5 中，同样的，笔者将组成一目均衡云的两根先行线全部标注出来了，可以看到在这张图中，现在云与将来云的先行线 A 都在先行线 B 之上，但是 EURUSD 这个货币对已经从最高点 1.2080 跌至 1.1920，可见均衡云的运动是有一定延迟的。在图 6.5 中的未来云的位置上可以看到先行线 A 与先行线 B 之间的距离在快速地缩短。

图 6.4　AUDCAD 2017 年 11 月 17 日至 2018 年 1 月 9 日 H4

图 6.5　EURUSD 2017 年 11 月 17 日至 2018 年 1 月 9 日 H4

关于一目均衡云使用要点如下：

1. 一目均衡云现在云

（1）多头环境：价格在均衡云的上方，当一目均衡云为上升云时，价格在先行线 A 的上方（见图 6.6）。

（2）空头环境：价格在均衡云的下方，当一目均衡云为下降云时，价格在先行线 B 的下方（见图 6.7）。

图 6.6　CHFJPY 2017 年 5 月 19 日至 2017 年 7 月 7 日 H4

图 6.7　AUDCAD 2017 年 5 月 19 日至 2017 年 7 月 7 日 H4

（3）震荡环境：价格在均衡云里面的，也就是处于先行线 A 与先行线 B 之间的位置（见图 6.8）。

2. 一目均衡云未来云

（1）多头环境：先行线 A 在先行线 B 的上方（见图 6.9）。

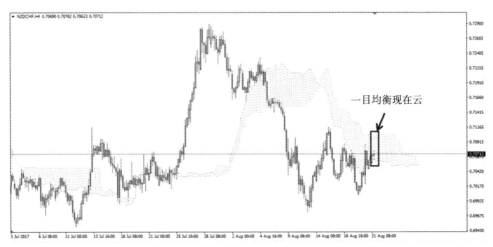

图 6.8　NZDCHF 2017 年 7 月 3 日至 2017 年 8 月 21 日 H4

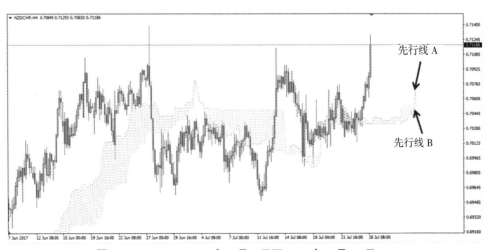

图 6.9　NZDCHF 2017 年 6 月 7 日至 2017 年 7 月 26 日 H4

（2）空头环境：先行线 A 在先行线 B 的下方（见图 6.10）。

图 6.10　NZDCHF 2017 年 3 月 15 日至 2017 年 5 月 3 日 H4

（3）震荡环境：先行线 A 与先行线 B 距离非常近，甚至重合。（见图 6.11）

图 6.11　EURNZD 2017 年 9 月 4 日至 2017 年 9 月 27 日 H4

　　笔者在交易外汇时也使用一目均衡表作为参考，使用过程中一般会更加关注未来均衡云的动向，以决定交易头寸的方向，但是现在均衡云与价格之间的关系也是一个非常重要的考量因素，因此根据笔者的实战经验，也将一目均衡未来云的几种情况列出并供读者参考。

　　（1）强势多头环境：短中期均值与中长期均值都不断上行，导致先行线 A 与先行线 B 均向上移动，同时未来云处于多头环境，在这种情况下表明多头十分强势（见图 6.12）。

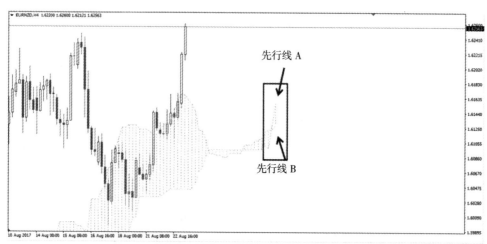

图 6.12　EURNZD 2017 年 8 月 10 日至 2017 年 8 月 22 日 H4

（2）中等强度的多头环境：短中期均值不断上行，但是中长期均值没有变化，导致先行线 A 向上移动而先行线 B 保持水平移动，与此同时，未来云处于多头环境，在这种情况下多头势力属于比较强势，但是弱于强多头环境（见图 6.13）。

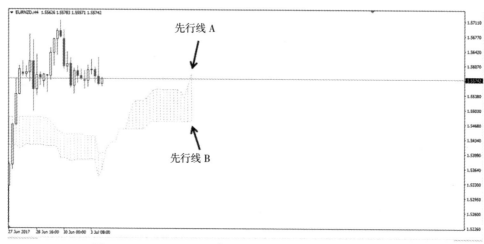

图 6.13　EURNZD 2017 年 6 月 27 日至 2017 年 7 月 3 日 H4

（3）弱势多头环境：未来云处于多头环境，先行线 B 保持水平移动，但是先行线 A 向下掉头，这意味着目前正处于一个价格上升趋势中的回撤期，也可能会发生价格趋势的反转，需要投资者保持警惕（见图 6.14）。

图 6.14 AUDCHF 2017 年 7 月 13 日至 2017 年 8 月 7 日 H4

（4）强势空头环境：与强势多头环境相对，短中期均值与中长期均值都不断下行，导致先行线 A 与先行线 B 均向下移动，同时未来云处于空头环境，在这种情况下表明空头十分强势（见图 6.15）。

图 6.15 AUDCHF 2017 年 4 月 26 日至 2017 年 5 月 22 日 H4

（5）中等强度的空头环境：短中期均值不断下行，但是中长期均值没有变化，导致先行线 A 向下移动而先行线 B 保持水平移动，与此同时，未来云处于空头环境，在这种情况下空头势力属于比较强势，但是弱于强势空头环境（见图6.16）。

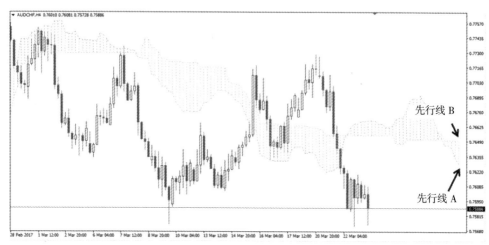

图 6.16　AUDCHF 2017 年 2 月 28 日至 2017 年 3 月 22 日 H4

（6）弱势空头环境：未来云处于空头环境，先行线 B 保持水平移动，但是先行线 A 向上移动，这意味着目前正处于一个价格下降趋势中的反弹，也可能会发生价格趋势向上反转，已经持有空单的或准备做空的投资者需要保持警惕（见图6.17）。

图 6.17　AUDCHF 2017 年 2 月 10 日至 2017 年 3 月 6 日 H4

正如上述介绍的，笔者在使用一目均衡云来判断趋势延续的时候会更加关注未来云，因为组成未来云的两根未来先行线 A 与先行线 B 的计算方法决定了它们更加适合趋势的判断，犹如我们平时在使用移动平均线时，120 个周期移动平均线在判定趋势时会比 12 个周期移动平均线更加有效更加稳定，不会随着价格上下震荡轻易地转变方向一样。

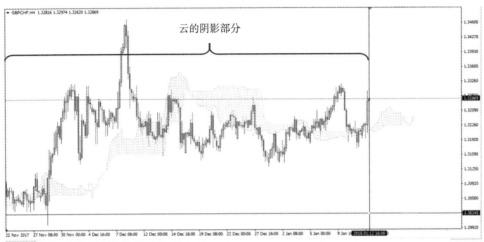

图 6.18　GBPCHF 2017 年 11 月 22 日至 2018 年 1 月 12 日 H4

在图 6.18 中所标注出来的为云的阴影部分，由于一目均衡云本身的算法是向右平移 26 个周期的，因此我们看的云阴影部分是目前价格之前的 26 个周期的价格所产生的未来云。

通过刚才对一目均衡现在云与未来云的介绍，笔者相信读者已经对一目均衡云有了个初步的认识。

（1）现时蜡烛线的变动将形成右移 26 周期的未来云形态，见图 6.19 中箭头所指部分；

图 6.19　EURCHF 2017 年 6 月 21 日至 2017 年 8 月 9 日 H4

（2）在左移 26 周期蜡烛线成形时，就已经形成了现在云的形态，见图 6.20 中箭头所指部分；

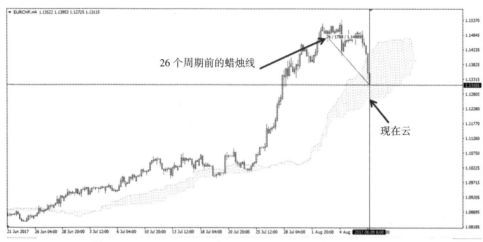

图 6.20　EURCHF 2017 年 6 月 21 日至 2017 年 8 月 9 日 H4

（3）左移 26 个周期以前的蜡烛线成形时，形成了一目均衡云阴影部分，在图 6.21 中框标注的蜡烛线形成了当前蜡烛线之前 26 周期的云阴影部分。

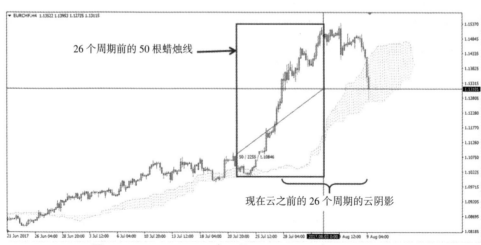

图 6.21　EURCHF 2017 年 6 月 21 日至 2017 年 8 月 9 日 H4

那么云阴影意味着什么？从上面的初步总结，我们可以看出云阴影部分是由当前蜡烛线 26 周期之前的众多蜡烛线所形成的，且一目均衡云代表着价格的中长期趋势，所以在上文笔者讲述过一目均衡现在云的使用要点时有描述过震荡环境就是价格在一目均衡现在云之中，因为云的形成是过去价格的体现，当价格在过去价格所形成的趋势之中就非常有可能会受到过去价格的影响。由此，我们总结一目均衡云阴影部分代表着价格的强支撑与强阻力。

笔者为此截取两张外汇市场的蜡烛线图以佐证云阴影部分的支撑与阻力作用，在图 6.22 中能够看到，2017 年 3 月 16 日 12:00 开盘的四小时蜡烛线与 16:00 开盘的四小时蜡烛线连续触碰前期云阴影的水平价位，获得支撑，并于 20:00 开盘的四小时蜡烛线开始上涨。

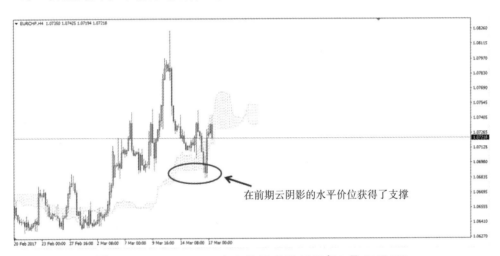

图 6.22　EURCHF 2017 年 2 月 20 日至 2017 年 3 月 17 日 H4

我们使用与图 6.22 同一交易品种的 EURCHF 进行举例，在图 6.23 中可以对

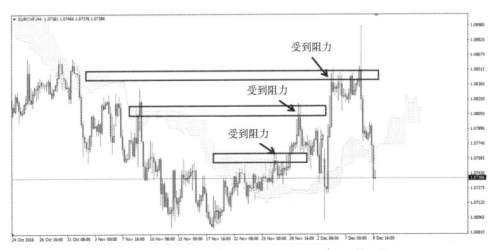

图 6.23　EURCHF 2016 年 10 月 24 日至 2016 年 12 月 9 日 H4

云阴影部分如何影响价格变动看得非常清楚。价格在上行的过程中均受到了云阴影部分不同程度的阻力，并在阻力区间中有明显的折返动作出现。

这样类似的例子在真实市场中可谓数不胜数，在图 6.24 中也同样可以看到云阴影对之后价格波动的影响（已在图中标注）。笔者在实际的主观判断行情的过程中也常会使用云阴影部分的支撑位与阻力位进行趋势追踪中的减仓处理。

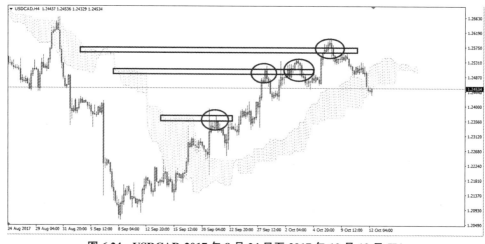

图 6.24　USDCAD 2017 年 8 月 24 日至 2017 年 10 月 12 日 H4

笔者总结了关于云阴影部分的使用要点：

（1）云阴影的压力位与阻力位常出现在先行线 B 的水平移动位置。

（2）先行线 B 的水平移动距离越长，出现的压力或支撑就越大。

（3）云阴影的厚度越厚，所出现的压力或支撑就越大。

（4）与斐波那契回调线所产生共振的压力或支撑会更加有效。

当然，最后一点也是最重要的一点，我们可以看图 6.25，笔者使用 MT4 软件自带的分析工具——斐波那契回调线，加载在与图 6.24 相同历史数据的图表上，可以看到先行线 B 水平移动所形成的压力位与斐波那契回调线所形成的压力位异常吻合。其实，在笔者主观判断行情的过程中发现，只有在价格处于上升趋势或下降趋势时，云阴影中先行线 B 水平移动所形成的压力或支撑才会有较大的参考意义，这时斐波那契回调线所产生的压力或支撑与先行线 B 水平移动所产生的压力或支撑发生共振，对价格会有较大的影响。

图 6.25 USDCAD 2017 年 8 月 24 日至 2017 年 10 月 12 日 H4

不管一目均衡云的压力或支撑作用与斐波那契指标的预示是否是巧合，笔者都认为投资者需要对两种不同计算方式的技术指标所提供的相同或相近的压力、支撑有足够的重视，因为经验告诉笔者，在这些价位可能会比较重要。

一目均衡云是本书所介绍的一目均衡表图表构成的最后一个组成部分，这个指标是许多投资者在使用一目均衡表过程中最难以理解的一个部分，但是笔者认为这是整个图表构成体系中最有特色也是最关键的一个部分，因为均衡云从位置上看是在一目均衡表的最中央。在一目均衡云的系统当中，也提示了如果价格处于云带当中的话不进行任何交易（这一点笔者认为见仁见智，特别是在外汇交易当中），由此可见均衡云在一定意义上代表着价格的均衡状态。而且均衡云从计算方法上也引入了一目均衡表的另外两个组成部分的数值（转折线与基准线），所以在整体使用一目均衡表的过程中，希望投资者能够重视均衡云的存在。

最后需要强调的是，以上所有对一目均衡云的使用均是笔者在交易过程中所总结出的个人观点，投资者如果有自己更好的使用方法，也千万不要摒弃不用，市场价格的波动千变万化，每个人都希望能够找到适合自己的交易系统与理论，但是永远记住一句话："适合自己的才是最好的。"

第二篇

均衡理论篇

第七章　波动要素

作为均衡理论篇的第一章，本章当中将具体介绍一目均衡表均衡理论中最基础且最重要的一个构成要素——波动要素，这个要素如同黏合剂一样，黏合了一目均衡表图表构成部分与均衡理论部分，如果没有波动要素这个理论存在，之后的波幅要素与时间要素就没有了支架，无法与图表构成相互配合运作，而图表构成的指标也就与普通的技术指标没有太多的区别，相信读者在通读全书之后会认识到波动要素的重要性。

在互联网上能够找到不少关于一目均衡表的学习资料，有些资料当中讲述一目均衡表波动要素的时候，会将其与艾略特的波浪理论做对比，甚至断言一目均衡表中的波动要素是学习模仿或者是归纳简化了波浪理论。笔者就此需要做一个说明，就单从两个系统生成的地域与时间来说，一目均衡表中的任何组成要素与西方金融理论都是相对独立的。笔者认为，波动要素与我国古代名著《易经》有着异曲同工之妙，在《易经》中有："是故，易有太极，是生两仪，两仪生四象，四象生八卦，八卦定吉凶，吉凶生大业。"而后人又将该句改变为"太极生两仪，两仪生四象，四象生八卦，八卦衍天下万物"。一目均衡表中的波动要素与《易经》的哲理相通，因为在波动要素当中，将金融市场上的价格波动由简至繁归结成 I 型波动、V 型波动、N 型波动、Y 型波动与 P 型波动。

只不过笔者觉得在我们所看到的数据图表当中的"万物"应该是 I 型波动，即太极是 I 型波动。相信很多投资者在没有接触过一目均衡表的时候一定对市场的价格波动有许多自己的认识，价格有突破、收敛、发散、盘整等，但其实所有的价格波动归根结底就是"向上"或者"向下"。

第一节　关于 I 型波动

在图 7.1 中可以看到 I 型波动实际上非常简单，就是上涨波动和下跌波动，也可以说是市场中价格的唯一一种波动模式。不管价格如何变化，不管我们用什么周期来看，也不管我们所讨论的品种是股票、期货抑或是外汇，始终逃离不了上涨或者是下跌。

上涨　　　　　　下跌

图 7.1　I 型波动示意图

如果用蜡烛线的形态来进行表达的话，就是阳线和阴线（见图 7.2）。

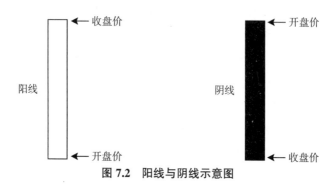

←收盘价　　　　　　←开盘价

阳线　　　　　　阴线

←开盘价　　　　　　←收盘价

图 7.2　阳线与阴线示意图

但是不管阳线还是阴线，在笔者看来都还不能算是 I 型波动，因为我们都知道蜡烛线代表着价格在一段时间里面的变化，它只能够向投资者展现所指定时间框架中的四个重要价格，即开盘价、最高价、最低价与收盘价。

我们就单看图 7.2 中的阳线，假设这根蜡烛线代表的时间周期为四小时，则意味着这根蜡烛线中有四小时的市场价格信息，刚才说到蜡烛线中有开盘价、最高价、最低价与收盘价这四个重要价格，但在图 7.2 中的蜡烛线开盘价为最低价，收盘价为最高价，因此是一根"光头光脚"的阳线。四小时蜡烛线中就会有四根一小时蜡烛线。

笔者在图7.3中即模拟了四小时蜡烛线中的四根一小时蜡烛线的情况。可以非常清楚地看出，即使四小时是I型上涨波动，在更小级别的时间周期里面，会有I型下跌波动的参与。在图7.4与图7.5中，笔者将截取外汇市场中真实的I型上涨波动与下跌波动以作展示，当然这里所展示的I型波动只是图表中能够比较清楚地看到上涨或者下跌的波动。

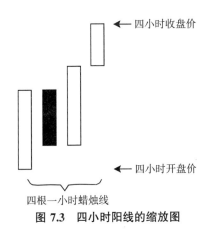

图 7.3　四小时阳线的缩放图

图 7.4　USDCHF 2017 年 10 月 31 日至 2017 年 11 月 29 日 H4

图 7.5 USDCHF 2017 年 10 月 31 日至 2017 年 11 月 29 日 H4

第二节 V 型波动与 N 型波动

在 I 型波动的图示和说明中能够看到，在真实的市场行情波动时不会出现单纯的 I 型波动，但可以说，每一种市场行情的波动都是由无数的 I 型波动所组成的，无数个 I 型波动组成了在本节将介绍的 V 型波动与 N 型波动以及之后将介绍的 P 型波动与 Y 型波动。

在图 7.6 与图 7.7 中以红线表示上涨波动，以绿线表示下跌波动，（如果读者看不到图片中的颜色，也欢迎读者登录相关网站 www.iforexbrainy.com 进行学习）。从图 7.6 中可以看出不管是 V 型波动还是 N 型波动，都是由 I 型波动所组成的。

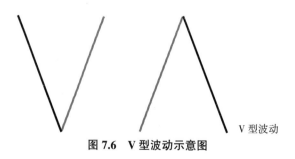

V 型波动

图 7.6 V 型波动示意图

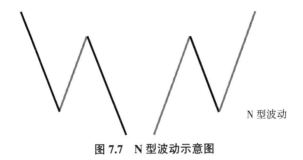

N 型波动

图 7.7　N 型波动示意图

在此，笔者称 V 型波动为转折波动，甚至更加倾向于称它为转折波动，因为 V 型波动实际上是价格出现了转折之后的波动，在图 7.6 中还看出 V 型波动还分正 V 型波动与倒 V 型波动，在正 V 型波动中出现低点，而在倒 V 型波动中出现高点。

在图 7.8 与图 7.9 中将显示出市场中的正 V 型波动与倒 V 型波动，这两张图其实是同一个品种同一时间周期的截图，但在这张图中能够同时找到正 V 型波动与倒 V 型波动，即意味着正 V 型波动的低点与倒 V 型波动的高点在这张图中是同时存在的。

图 7.8　USDCHF 2017 年 10 月 31 日至 2017 年 11 月 29 日 H4

图 7.9　USDCHF 2017 年 10 月 31 日至 2017 年 11 月 29 日 H4

　　与此同时，N 型波动在图 7.10 中也非常清晰地展现出来，那么 N 型波动可以看到也有两种，分为上涨 N 型波动与下跌 N 型波动。与 V 型波动中会出现高点和低点一样，在上涨 N 型波动中出现四个点，按出现顺序为：低点、较高点、较低点、高点。在下跌 N 型波动中也会出现四个点，按出现顺序为：高点、较低点、较高点、低点（由于中文语义复杂，容易理解错误，本书中出现的所有的低点均小于较低点，高点均大于较高点）。这里判断的高点与低点在之后的应用篇章当中将有重要用处。

图 7.10　USDCHF 2017 年 10 月 31 日至 2017 年 11 月 29 日 H4

　　图 7.10 与刚才展示 V 型波动的图是同一个截图，其中的信息内容全部相同，所展示的便是下跌 N 型波动，能够看到高点不断降低，低点也在不断降低。根据上述对于下降 N 型波动的四个价格点的定义，可以看到下跌 N 型波动基本是在价格下跌的过程当中发生的比较多。

　　但是在如图 7.10 所示的这样的行情下跌的情况下，要找到上涨 N 型波动确实比较困难，根据上涨 N 型波动的特点，我们找到了 USDCHF 在图 7.10 之前数日的行情截图图 7.11 进行解析，可以看到上涨 N 型波动在整个价格趋势上涨的过程当中比较容易发生。

图 7.11　USDCHF 2017 年 9 月 25 日至 2017 年 11 月 23 日 H4

　　根据所显示的，上涨 N 型波动的低点越来越高、高点越来越高，而下跌 N 型波动是低点越来越低、高点越来越低。通过简单的两张图也能够看出，在价格处于上涨趋势时，出现上涨 N 型波动的概率更大，价格处于下跌趋势时，则出现下跌 N 型波动的概率更大。

第三节　Y 型波动与 P 型波动

　　P 型波动与 Y 型波动是波动要素当中较难判断的一个部分，因为市场上较少有严格按照 Y 型波动与 P 型波动所规定的行情来运动的价格。我们可以先来看一下 P 型波动与 Y 型波动的行情定义。

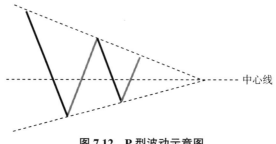

图 7.12　P 型波动示意图

图 7.12 中显示的便是 P 型波动的特点，价格的运动由数个上涨 I 型波动与下跌 I 型波动所组成，但是并没有形成上涨 N 型波动或下跌 N 型波动，而是有自己独特的走势，因为当市场上的投资者对之后的价格趋势不能做一个精确判断时会发生这样的价格走势，形成了高点不断降低，低点不断抬高的形势。

当然，高点不断降低、低点不断抬高的价格走势只是 P 型波动的一个典型特征，在实际运用过程中，也会有一些非典型的价格走势发生，比如在图 7.13 中所划取的就是一个非典型 P 型波动，其特征是高点不断降低，但是低点与前低持平。因此，P 型波动实际上便是收敛波动，是价格走势发生收敛的波动。笔者认为，从收敛形态的广义角度来说，所有高点至邻近低点的距离不断缩短的形态均

图 7.13　EURCHF 2017 年 10 月 30 日至 2017 年 11 月 15 日 H4

可以被定义为收敛形态，在一目均衡表中即为 P 型波动。

在上一节笔者截取了 USDCHF 的相关蜡烛图并归纳了上涨 N 型波动最可能出现在上升趋势中，下跌 N 型波动最可能出现在下降趋势中。如果读者有心将图 7.10 与图 7.11 拼接起来，会发现这两张图的时间是连续的，意味着它们的蜡烛图也必然是连续的，我将完整的蜡烛图截取下来形成图 7.14，能够看到在上升趋势与下降趋势的连接部位，价格形成了一个 P 型波动。笔者并没有刻意地以这个为例，但是这个巧合符合最终的结论：P 型波动（即收敛波动）常出现于上升趋势与下降趋势的转折处。

图 7.14　USDCHF 2017 年 10 月 6 日至 2017 年 12 月 5 日 H4

当然，并非所有的 P 型波动都出现在上升趋势与下降趋势的转折处。我们从 P 型波动来看价格收敛背后的市场运作原理，只有当投资者对价格趋势不明朗的时候价格才会在一个区间愈发收敛，知道了 P 型波动的形成原理之后，我们就能够非常容易地总结出：只要投资者对价格走势不确定时，就会形成 P 型波动。

那除了上升趋势与下降趋势的转折处之外，还有哪里会产生 P 型波动呢？其实在市场的任何地方都有可能会产生 P 型波动，只要高点之后没有更高点出现与低点之后没有更低点出现，便可以确定此时的价格是处于收敛状态的。

在图 7.15 中我们可以看到一个典型的 P 型波动，在 P 型波动的上边界被突破之后价格的高点不断抬高，低点也不断抬高，形成了一个上涨 N 型波动。

图 7.15　USDCHF 2015 年 12 月 31 日至 2016 年 2 月 1 日 H4

　　那么在图 7.15 之前的一段时间里面发生了什么？我们将时间框架缩小，截取图 7.16，包含了前一段时间的蜡烛图信息图 7.15。有趣的是，在图 7.15 中收敛成的 P 型波动之前还有一个收敛的 P 型波动，而且在两个 P 型波动之间有一个上涨 N 型波动作连接，上涨 N 型波动突破了第一个 P 型波动的上边界之后价格逐渐收敛，形成了第二个 P 型波动。可见，市场行情的波动是千变万化的，很多时候会产生形态的相互包容。

图 7.16　USDCHF 2015 年 12 月 3 日至 2016 年 2 月 4 日 H4

　　说过了价格突破 P 型波动上边界的例子之后，市场上是否存在 P 型波动之后突破下边界的情况？其实上文笔者在叙述 P 型波动处于上升趋势与下降趋势转折处时的例子，以示价格向下跌破 P 型波动下边界的情况，为了更清晰地表述向下跌破 P 型波动的下边界，在图 7.17 中能够看到价格在跌破了 P 型波动的下边之后形成了一个下跌 N 型波动推使价格继续下跌。

图 7.17　USDCHF 2016 年 11 月 23 日至 2017 年 1 月 23 日 H4

　　因此，在 P 型波动中我们可以得出结论：P 型波动常在市场价格趋势不明确时出现，当价格越发收敛时，说明市场价格越可能发生突破，而突破之后的方向非常可能会成为新的一波价格运动方向。

　　在一目均衡表的波动要素中，P 型波动还有一个要素就是中心线。如果中心线偏上，则说明该 P 型波动之后的运动方向更加偏向于向上运动；如果中心线偏下，则说明价格会更偏向于向下运动。

　　Y 型波动与 P 型波动相对，P 型波动展现了价格的波动性由高到低的形态，Y 型波动则呈现了价格的波动性由低到高的形态，也就是发散的形态。

　　图 7.18 展示了一个典型的 Y 型波动价格形态，可以看到在 Y 型波动中高点不断抬高，低点不断降低，价格展现出不断发散的形状，笔者也称其为发散波动，正好与 P 型波动形成照应，虽然其背后的市场运作原理相似，但是价格表现形态却不同。

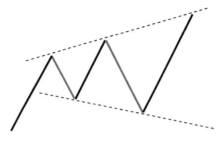

图 7.18　Y 型波动示意图

笔者先与读者一同来回顾 P 型波动背后的市场运作原理：当行情的上涨或者下跌获取不到新的推动力时（这个推动力可能是某条新闻、某个数据的发布所导致的），价格波动区间会越来越小，因为投资者在将来行情不确定时会先离场观望，当参与交易的投资者越来越少，且参与交易的投资者分歧越来越小的时候，便会出现 P 型波动，也就是收敛波动。

Y 型波动的原理与其相似但不尽相同。在 Y 型波动中，市场中充斥着能够左右价格趋势的信息与渴望参与交易的投资者，多头与空头双方的力量都非常强，但没有一方能够绝对地掌控住趋势的方向，使得价格上下振幅不断增大，这时的价格波动就是 Y 型波动，也就是笔者称之为发散波动的价格形态。

不过根据笔者的经验，价格在外汇市场中形成 Y 型波动的可能性比较小，即便 Y 型波动成形，一般也绝非如图 7.18 所展示的典型 Y 型波动的这种水平的形态。

图 7.19 中能够看到 USDCHF 的汇率在 2017 年 7 月 27 日大幅度上涨之后，就开始宽幅震荡，形成了 Y 型波动，不过该波动形态的上下边界并不明显，笔者觉得其边界并无更多特殊意义，在之后的下跌也是价格跌破了 P 型波动的下边界所形成的价格下跌趋势（见图 7.20）。

不过在图 7.19 中的 Y 型波动中，笔者所关注的点并不是价格对 Y 型波动上下边界的突破，而是在 Y 型波动内部的 N 型波动。在此我们也来回顾一下 N 型波动的特点：在价格上升趋势中上涨 N 型波动较多，在价格下降趋势中下跌 N 型波动较多。但是在笔者刚才截取的图中发现在 Y 型波动中也出现了 N 型波动（见图 7.21）。

图 7.19 USDCHF 2017 年 7 月 7 日至 2017 年 9 月 7 日 H4

图 7.20 USDCHF 2017 年 7 月 7 日至 2017 年 9 月 7 日 H4

　　为什么在 Y 型波动中会出现上涨 N 型波动和下跌 N 型波动呢？Y 型波动不是市场还没有确定方向才会产生的宽幅震荡吗？读者可能忽略了一点，Y 型波动是上升或下降趋势没有确定，但是在市场中进行交易的投资者都非常渴望将趋势的方向确定下来，因此在 Y 型波动当中非常有可能出现 N 型波动，因为 N 型波动代表着投资者渴望通过不断地推高价格或压低价格来促成趋势的形成。

图 7.21　USDCHF 2017 年 7 月 7 日至 2017 年 9 月 6 日 H4

　　在图 7.22 中可以看到，在 Y 型波动中同时存在下跌 N 型波动与上涨 N 型波动。不是说 Y 型波动是高点不断抬高、低点不断降低的波动吗？上涨 N 型波动不是高点不断抬高、低点也不断抬高的波动吗？下跌 N 型波动不是低点不断降低、高点也不断降低的波动吗？这 N 型波动怎么能像图 7.21 和图 7.22 中所展示的出现在 Y 型波动里面呢？稍有经验的投资者便会知道，此高点非彼高点、此低点非彼低点。但是我们目前看到的价格均属于"事后诸葛亮"，在实践当中，后面的蜡烛线不会出现在任何人的眼前，那时候如何来判断此高点和彼高点呢？或

图 7.22　USDCAD 2017 年 2 月 28 日至 2017 年 4 月 28 日 H4

许这个才是最关键的。

一目均衡表的波动要素无论从哪个角度看，甚至在笔者与交易团队研究一目均衡表的使用时都会发现，与波浪理论有说不清道不明的关系，不过波浪理论的组成更为复杂，坦白说笔者目前仍然未入波浪理论之门。但是这个与波浪理论无比相似的波动要素，从笔者的角度来看着实是一目均衡表核心之中的核心。我相信读者从本书的开篇阅读至此，一定深陷一目均衡表的图表组成部分而不能自拔，笔者在刚接触一目均衡表时也是如此，不过在应用一目均衡表之后的经验告诉我，图表构成的重要程度远不及此波动要素，只是图表的构成要素是投资者能够透过调节参数来直接观察到的，但是一目均衡表中的均衡理论在发明之初并没有任何依据将波动要素全部清晰地展现在图表中。在此，笔者认为可能会有两个原因：

（1）一目均衡表的发明者一目山人并没有完全想好如何去定量化地展示波动要素。

（2）由于市场的波动千变万化，波动中还有波动，因此有定量化的方法，但是根本无法进行图表展示。

笔者认为这两个因素都是有可能的。如果完全按照一目山人所述，将波动分为 I 型、V 型、N 型、P 型与 Y 型，那波动之中就会有小波动，就如本章中所写在 Y 型波动中就有 N 型波动，要全部展示出来只会使投资者眼花缭乱，不如给投资者一个个人理解的空间，因为波动要素的关键点还是在于波动形态的判定。所谓"不识庐山真面目，只缘身在此山中"，投资者在交易的过程中对波动形态或许很难判定，但是看历史数据图表时却会恍然大悟，因此个人理解在使用波动要素时显得格外重要。

在之后的应用篇当中，笔者也会对波动要素做一个更加详细的应用解释，其中加入了笔者实际应用的经验，因为不管是波浪理论还是一目均衡表的波动要素，我相信投资者在实际应用当中碰到最大的困难就是如何区分价格的高低点并进行高低点之间的连接，笔者在应用篇中也会有所介绍。

第八章 波幅要素

不管是作为一名职业的基金管理人，还是普通的投资者，相信每一位在金融市场中进行交易的人都希望能够预知未来，但是笔者认为金融市场的魅力正是源于这样美丽的不确定性。

有人说金融市场就像是一个大型的赌场，我认为这些人的说法并不十分恰当。金融市场与赌场是有明显区别的，但如果仅从结果的不确定性上来说的话，金融市场确实与赌场有着相似的魔力，而且同样吸引着世界上最聪明与最贪婪的一群人。这群人不断研究、探索，期望能够抓住未来并获取巨大的利润，由此在金融市场当中有着多不胜数的技术指标用来预测将来的市场价格。

那么在现有的技术分析指标当中，绝大多数是通过数学公式来分析计算已经存在的蜡烛线的开、高、低、收并形成图形显示在图表当中，技术指标能够在我们判定交易方向时提供一定程度上的参考，但是市场行情能够运动到哪一个具体的价位却没有办法给到我们一个参考，可是波幅要素可以做到。

如果说波动要素是给投资者一个描述价格波动形态的参考的话，那么波幅要素就是给投资者一个价格大概能够运动到哪个价位的参考。如果说一目均衡表的图表构成是帮助投资者提高投资胜率，那么波幅要素就是帮助投资者提高单笔投资中的盈亏比。这种说法只是为了帮助读者能够更好地理解均衡理论中波幅要素的用途而做的简单解释，并不意味着一目山人在发明这套体系时会对这些构成元素有这些功能上的限定。因此在使用波幅要素的时候，投资者的使用方法总是不尽相同，而更多投资者认为没有明确的使用方法的工具还是不用为好，比如说尼克·艾略特（Nicole Elliott）在其著作《一目均衡图表——对一目均衡云的介绍》当中有一段文字非常有趣：

"实话说，我几乎从来不在我的分析当中加入这个波幅要素。因为我发现这个波幅要素太复杂，但是又太简单，就是非常非常地难用。我也非常不喜欢用它去预测一个短期的价格点。如果是一位非常激进而平时又只看着极少的几个金融交易品种的投机者，或许会比较适合这个波幅要素。可是在喜欢长周期交易的投资者面前，就显得没有太大意义了。同时，很多交易决策因为有这个波幅要素的存在而变得相当困难，因为从波幅要素中所能够提供的盈亏比赚得的钱实在是太少了。"（笔者译）

最后，艾略特还表示自己会坚持使用西方的交易方法，因此他觉得一目均衡表中的波幅要素似乎是东方特有的一种思维。很多交易者都会有艾略特的这种想法，不过笔者却认为波幅要素是均衡理论当中不可分割的一部分，让其变得更加立体与可靠，也将在之后的篇幅当中慢慢解释这个褒贬不一的波幅要素。

第一节　波幅要素的形态及计算

在波幅要素当中，一共分为四种类型的波幅计算方法，V、N、E 与 NT，在图 8.1 中，显示了这四种波幅的形态以及计算方法。

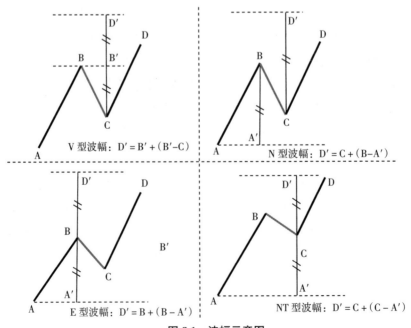

图8.1　波幅示意图

波幅计算是根据 N 型波动来设计的，上面的四张模型图片是以上涨 N 型波动为例来计算波幅的，下跌 N 型波动的波幅计算正好与该模型相反。不过，笔者并不能理解为什么这四种波幅类型的名字定义成 V、N、E、NT，但是这个名称并不重要，主要是我们能够将这样的波幅运用到交易当中。不过笔者认为图 8.1 有点抽象，因此在本章第二节中找了一个能够从主观判断中清楚定义波幅计算的来做示例。

第二节　波幅要素的使用案例

在图 8.2 中，能够看到一个正在成型当中的上涨 N 型波动，但是真正成型需要价格上破前期高点，因此从严格意义上来说，价格处于当前位置并不算是上涨 N 型波动。如果按照波幅要素的计算方法来判断之后的 D 点的高度，则我们首先得判断 A、B、C 三点的位置。在图 8.3 中我们将 A、B、C 三点都用圆圈给标注出来，A 点价位在 0.6833 附近，B 点价位在 0.7032 附近，C 点价位在 0.6930 附近，有了这三个价位，我们就能够通过波幅要素的计算公式尝试计算 D 点的位置。

图 8.2　AUDUSD 2015 年 12 月 15 日至 2016 年 1 月 25 日 H4

图 8.3　AUDUSD 2015 年 12 月 15 日至 2016 年 1 月 25 日 H4

　　由于 A 点、B 点、C 点的价格都已经确定，投资者根据不同的波幅计算方式来计算，D 点有四种可能性：

　　（1）V 型波幅 $= 0.7032 + (0.7032 - 0.6930) = 0.7134$

　　（2）N 型波幅 $= 0.6930 + (0.7032 - 0.6833) = 0.7129$

　　（3）E 型波幅 $= 0.7032 + (0.7032 - 0.6833) = 0.7231$

　　（4）NT 型波幅 $= 0.6930 + (0.6930 - 0.6833) = 0.7027$

　　笔者将四种不同类型的波幅计算方法所计算得出的价位都在图 8.4 中标注出来。V 型波幅计算得出的数值与 N 型波幅计算得出的数值非常接近，E 型波幅是价位最高的，NT 型波幅甚至是在当前价位下方，这样的波幅目标价位根本无法形成上涨 N 型波动。因此如果投资者在使用波幅计算的方法来预测目标价位的时候，在这个案例当中首先就需要剔除 NT 型波动所得出的价位，因为波幅要素是建立在 N 型波动的基础上的，如果 N 型波动都没有形成，哪来的波幅要素给我们提供价位的参考呢？从图 8.5 中看到，之后的市场行情价格在 V 型波幅与 N 型波幅目标位附近出现了一个回撤之后攀升到了 E 型波幅计算得出的价位。

　　看了上面的上涨 N 型波动的例子，是否波幅要素只能够用于上涨 N 型波动当中呢？在下面的例子当中，我们会看到一个将波幅要素应用于下跌 N 型波动的例子。图 8.6 中笔者标注了一个比较清晰的下跌 N 型波动，与上文中上涨 N 型波动的例子不同的是，这个下跌 N 型波动已经跌破前期低点，属于已经成型的下跌N 型波动。

图 8.4　AUDUSD 2015 年 12 月 15 日至 2016 年 1 月 25 日 H4

图 8.5　AUDUSD 2015 年 12 月 16 日至 2016 年 2 月 2 日 H4

先要找出图中的 A 点、B 点、C 点的确切位置才能够开始预测 D 点所在的价位。在图 8.6 中虽然能够清楚地看到一个下跌 N 型波动，我相信很多读者都与笔者一样，B 点与 C 点基本是能够确定的，B 点的值为 1.0800，C 点的值为 1.0860，但是 A 点却比较难判断，在图 8.6 中我们可以看到在下跌 N 型波动的前面至少有 2~3 个高点，分别在图 8.7 中已用圆圈标注出来。

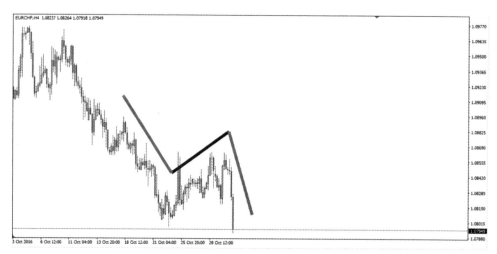

图 8.6　EURCHF 2016 年 10 月 3 日至 2016 年 10 月 28 日 H4

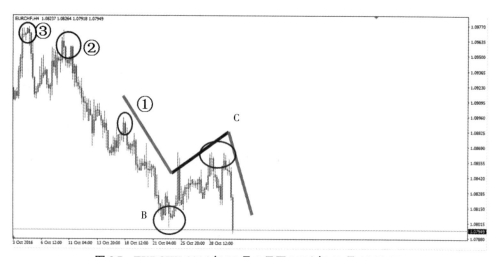

图 8.7　EURCHF 2016 年 10 月 3 日至 2016 年 10 月 28 日 H4

在图 8.7 中的①处的 A 点值为 1.0893，②处的 A 点值为 1.0965，③处的 A 点值为 1.0975。由于波幅要素的计算模式是按照上涨 N 型波动为基础的，因此在下跌 N 型波动中的使用会需要将波幅公式进行一定的变形：

（1）V 型波幅：B − (C − B)

（2）N 型波幅：C − (A − B)

（3）E 型波幅：B − (A − B)

（4）NT 型波幅：C − (A − C)

假设使用①作为 A 点，将得出下面四种下跌波幅：

（1）V 型波幅 = 1.0800 - （1.0860 - 1.0800）= 1.0740

（2）N 型波幅 = 1.0860 - （1.0893 - 1.0800）= 1.0767

（3）E 型波幅 = 1.0800 - （1.0893 - 1.0800）= 1.0707

（4）NT 型波幅 = 1.0860 - （1.0893 - 1.0860）= 1.0827

假设使用②作为 A 点，将得出下面四种下跌波幅：

（1）V 型波幅 = 1.0800 - （1.0860 - 1.0800）= 1.0740

（2）N 型波幅 = 1.0860 - （1.0965 - 1.0800）= 1.0695

（3）E 型波幅 = 1.0800 - （1.0965 - 1.0800）= 1.0635

（4）NT 型波幅 = 1.0860 - （1.0965 - 1.0860）= 1.0755

假设使用③作为 A 点，将得出下面四种下跌波幅：

（1）V 型波幅 = 1.0800 - （1.0860 - 1.0800）= 1.0740

（2）N 型波幅 = 1.0860 - （1.0975 - 1.0800）= 1.0685

（3）E 型波幅 = 1.0800 - （1.0975 - 1.0800）= 1.0625

（4）NT 型波幅 = 1.0860 - （1.0975 - 1.0860）= 1.0745

虽然①②③处 A 点的数值不同，但是 V 型波幅的计算与 A 点的价位无关，因此 V 型波幅的数值没有变化。②处的 A 点与③处的 A 点相差不远，我们取②处的 A 点为准，在图 8.8 与图 8.9 中分别标识了 A 点位于①处与 A 点位于②处的波幅位置。

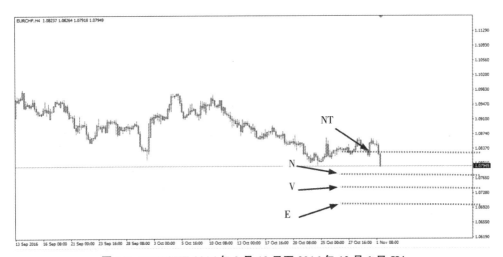

图 8.8　EURCHF 2016 年 9 月 13 日至 2016 年 12 月 1 日 H4

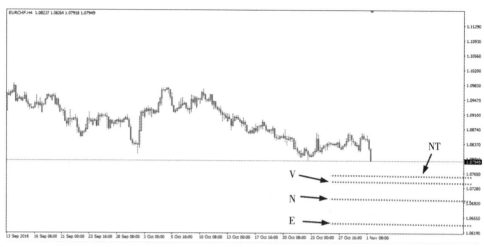

图 8.9 EURCHF 2016 年 9 月 13 日至 2016 年 12 月 1 日 H4

由于 V 型波幅的计算当中没有涉及 A 点的价位，因此无论 A 点位于①处还是②处，V 型波幅的数值都没有变化，但是 E 型波幅、N 型波幅、NT 型波幅的计算公式中都与 A 点的数值有关，这些从计算公式当中我们就能够看出来，但是从图例中可以更加直观地观察到，E 型波幅的高度总是最高的，但其余的三种波幅类型与 N 型波动 A 点至 B 点的距离以及回调的距离有关。

在图 8.10 中可以看到之后价格最低下降至 1.0682 的位置，并没有到 A 点位于②处和③处所计算出来的波幅值。因此可以得出如下结论：

（1）每个点的价位对之后预测的波幅计算都会有影响。

（2）同样的 A 点、B 点、C 点使用不同的波幅计算方法，预测的结果将会不同。

（3）所有计算得出的预测波幅目标，并非在之后的行情波动中都一定会触及。

最终波幅的涨跌幅度，最大的毫无疑问的是 E 型波幅。我们将波幅要素中的计算公式继续分解，整个波幅的长度就是 AD 的长度，根据波幅要素中的计算公式可以得出：

$$AD(V) = BC \times 2 + AC$$

$$AD(N) = BC + AC \times 2$$

$$AD(E) = BC \times 2 + AC \times 2 \quad （波幅最大）$$

$$AD(NT) = AC \times 2$$

图8.10　EURCHF 2016年10月3日至2016年12月16日 H4

另外三种波幅计算方式将分为下面四种情况：

当 $BC > AC$（$BC > \frac{1}{2}AB$）时：

E 型波幅 > V 型波幅 > N 型波幅 > NT 型波幅

当 $BC < AC$（$BC < \frac{1}{2}AB$）且 $BC < \frac{1}{2}AC$ 时：

E 型波幅 > N 型波幅 > NT 型波幅 > V 型波幅

当 $BC < AC$（$BC < \frac{1}{2}AB$）且 $BC > \frac{1}{2}AC$ 时：

E 型波幅 > N 型波幅 > V 型波幅 > NT 型波幅

当 $BC < AC$（$BC < \frac{1}{2}AB$）且 $BC = \frac{1}{2}AC$ 时：

E 型波幅 > N 型波幅 > V 型波幅 = NT 型波幅

第四种 $BC = \frac{1}{2}AC$ 的情况是几乎不存在的，因此可以忽略不计。笔者只是将波幅要素分析得更加细化了一点，希望读者在真正使用的过程当中能够多方面考虑这个均衡理论的要素，不过我个人觉得在波幅要素的使用中需要更加注重 A 点、B 点以及 C 点的确定，这样才能更好地对 D 点进行判定。在本书之后的第十一章中，笔者将根据自身经验提供判断高低点的方法。

第三节　斐波那契扩展线与波幅要素

在软件 MT4 当中有一个自带的斐波那契指标，其中包括回调线、时间区间、扇形线、弧线与扩展线。斐波那契指标是为数不多的能够预判将来价格位置的技术指标。在该指标当中，回调线、时间区间与扩展线是笔者应用最多的指标。在笔者刚开始接触一目均衡表的时候就发现波幅要素与斐波那契扩展线有着异曲同工之妙，虽然计算的方法有所不同，但这两个指标的使用都是期望在价格形成 N 型波动的时候预判价格运动的目标。图 8.11 中显示的是斐波那契指标在 MT4 中的加载位置。

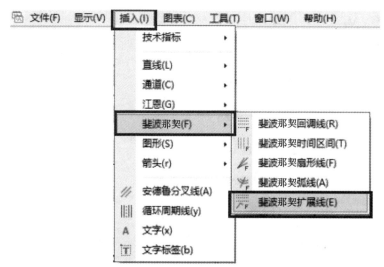

图 8.11　软件 MT4 中"斐波那契扩展线"的位置

与波幅要素计算相同的是，斐波那契扩展线在使用时也会用到 A、B、C、D 四点，在这四个点当中，已知 A、B、C 三点，需要预判 D 点（见图 8.12）。波幅要素的四种波幅计算方法虽各有不同，但是其中一种波幅计算方法是以 B 点为基础向上预判 D 点（E 型波幅），而仅有 N 型波幅与 E 型波幅是使用到了 B—A 这个表达式。在 MT4 中的斐波那契扩展线则是以 C 点为基础向上预判 D 点，使用

了 B—A 这个表达式（见图 8.12），但最为不同的是，斐波那契扩展线除了使用
B—A 这个表达式，还使用了（B−A）×61.8%与（B−A）×161.8%这两个斐波那契
数值。

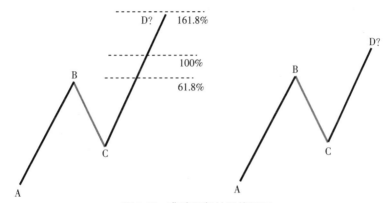

图 8.12　斐波那契扩展线图示

　　笔者将斐波那契扩展线的形态加载至历史行情当中做判断，分别选取了三个
转折点作为 A、B、C 三点，将扩展线的起始点放置在 A 点处，转折点放置在 B
点处，终止点放置在 C 点处，形成了图 8.13 中的样式。如上文所述，不管是波
幅要素还是斐波那契扩展线，都是已知 A、B、C 三点，希望预判 D 点的价位，
在图 8.13 中的自下而上的三根线就分别为 61.8、100 以及 161.8，这个都是斐波
那契数列值中的一部分，代表着 CD 点（D 点实际上不存在，只是希望能够被预

图 8.13　GBPAUD 2017 年 3 月 3 日至 2017 年 5 月 3 日 H4

判）之间的距离与 AB 点之间的距离之比。

不过在 MT4 当中，每一个技术指标当中的参数都给了投资者很多自主调整的选择。在 "Expansion" 属性当中通过 "添加" 按钮就可以根据自己的需要来调整扩展线的比例（见图 8.14）。

图 8.14　软件 MT4 中扩展线属性界面

人类总是在不断地认识世界及自身，在这个过程当中学会了许多认识事物的方法，而通过对过去事物的理解去预判将来事物的发生也是其中之一。

技术分析的理论就是基于投资者认为历史是会重演的，但是一般技术指标更多的是判定价格之后的方向，而价格能够运行到的具体价位却不得而知，波幅要素就是这样一个期望预判价格位置的工具。

笔者在本章当中介绍了波幅要素的形态及计算方法，并在上涨 N 型波动与下跌 N 型波动中做了案例分析。最后通过将波幅要素与斐波那契扩展线进行比较，希望读者能够认识到一些别的类似的指标，其实也从侧面反映了一目均衡表有机地将各类型的指标结合在一个体系当中，实在是非常神奇。

第九章　时间要素

　　在绝大多数的交易系统当中，时间都是非常容易被忽视的部分，但是在一目均衡表发明者一目山人的眼里，时间要素是其三个均衡理论之一的部分，也是不可分割的一部分。许多投资者在使用这个时间要素的时候会碰到一定的困难，甚至在刚接触一目均衡表的时候就是因为这个系统当中包含这个难以理解与使用的时间要素而对整个交易系统弃之不用。

　　其实，笔者在一开始也是这样认为的，但是也正是因为时间要素的存在，一目均衡表的神奇之处才会更加神奇。笔者将图表构成篇当中的迟行线、未来云与现在价格理解成交易系统的二维框架，加上时间要素就是第三维，形成了一目均衡表的三维框架。这也是我更愿意将一目均衡表称为交易系统而不是技术指标的原因之一。

　　在一些比较完整的交易体系当中，都会有时间这个关键点在其中发挥着至关重要的作用，或许普通投资者很难理解其中的道理，但是这些交易体系在历经时间的洗礼之后仍然在被投资者使用，就已经能够说明这种完整交易体系的优越性了。比如，本书在论述过程中所使用的软件 MT4 当中自带的图表插入物件，中间就包括斐波那契时间区间，由此可见，在一定程度上，时间要素正逐渐被更多的投资者所认可，笔者将在本章对一目均衡表中的时间要素做一个大概的介绍。

　　一目山人将时间要素分为三个基本时间和其他的衍生时间，当然，笔者也看到过对这个时间的不同称呼，比如说单纯时间与复合时间、简单时间与复杂时间等，但是正如人的名字只是代号而已，为了更方便去记忆，但由于一目均衡表的发明是在日本，作者也没有对中文版的称呼有一个明确的说法，或许他也没有想到这个系统的发明在几十年后的今天会受到诸多投资者的关注与青睐。因此，在本书中我们根据这个时间要素的特性，将其命名为"基本时间"与"衍生时间"，基本时间是由于这个是所有时间要素的基本，其他的时间都是根据基本时间衍生而来的，因此其他的时间称为衍生时间。

基本时间为 9 周期、17 周期与 26 周期，这三个数为基本，能够推算出其余的周期。具体数值见表 9.1。

表 9.1 数值

名称	时间
基本时间	9 周期
	17 周期
	26 周期
衍生时间一巡	33 周期
	42 周期
	65 周期
	76 周期
衍生时间一环	129 周期
	172 周期
	226 周期

时间要素实际上是一种交易理念：当价格趋势持续了某段时间周期之后，非常有可能会发生趋势的反转，而时间要素中的时间周期（包括基本时间周期与衍生时间周期）就是对这"某段时间周期"进行的预测。

比如说图 9.1 中的价格从笔者在图中所标注的 2017 年 12 月 8 日的价格低点开始有一个明显的上涨，但是这个完整的上涨趋势是从历史数据图表中看的。当价格时间处于上涨的过程中，我相信绝大多数的投资者是没有办法分辨上涨趋势何时会发生反转的，而时间要素就能够给投资者一个时间上的参考。图 9.2 中的纵线就是从上涨趋势的起点开始向右平移的时间线。

不过有一点是需要注意的，这些时间周期都是一目山人在对日本米市进行多年研究之后得出的参考时间周期，并非是一个准确的数值，在更多情况下，这个时间周期中的数值实际上是一个周期范围，比如说基本时间当中的 9 周期，其所表示的趋势反转位置可能是 7~11 周期。在不同的时间品种与不同的时间周期当中，都会有更加适合、准确的数值可以使用，读者可以根据自己喜好的交易品种来调整具体使用的周期数值。

图 9.1　AUDUSD 2017 年 11 月 17 日至 2018 年 2 月 12 日 H4

图 9.2　AUDUSD 2017 年 11 月 27 日至 2018 年 2 月 21 日 H4

　　从图 9.2 中看起来感觉时间要素给到的趋势反转的时间参考比较多，但是真正的趋势反转的时间点只有一个，就单从概率上来说，上文中列举出来的时间要素周期共有 10 个（未罗列出来的则更多），而上涨趋势只会在一个点进行反转下跌，那么时间要素的准确率都没有达到 10%，为什么我们仍然需要使用时间要素？或者说为什么一目山人仍然在其交易系统中加入了时间要素呢？是否只是为了拼凑成一个完整的交易系统而特意加入了这个元素？

笔者认为完整的交易体系当中加入时间要素这样一个元素是必不可少的，单纯地依靠图表中的技术指标对未来价格进行分析终究会有一定的局限性，如图表信息已经给出明确交易信号的，则投资者能够在时间要素当中获取双重确认；如图表信息没有给出明确交易信号的，则投资者可以从时间要素中获得一部分的交易信号作为参考。

同时，时间要素的准确率也并非仅有10%，虽然在本书第十三章复盘章中不会使用到时间要素进行模拟复盘，但这并不意味着时间要素毫无用处。本书的复盘只是为了让读者能够更好地理解、使用一目均衡表，如果在复盘的过程当中加入时间要素，非常有可能会为了阐述清楚时间要素这个元素花上相当长的篇幅，而让读者在阅读的过程中忽略别的更容易理解且非常重要的一目均衡表的相关构成元素。不过，提升使用时间要素的准确率依然是有相应的方法的。

1. 跨时间框架使用时间要素

跨时间框架的意思是我们原本参考的蜡烛线时间框架是 H4 的，但是同时参考 DAILY 时间框架与 H1 时间框架的价格信息。因此如果在一个时间框架下使用时间要素，我们会发现时间要素的参考非常死板，因为时间要素里面的周期是不会有任何改变的。但是如果在跨时间框架上同时应用，当前时间框架下的趋势可能就是在另外一个时间框架上的反弹，那么在另外一个时间框架下的趋势的起点就与当前时间框架下的趋势的起点会有所不同。

以本章上文中已经提及过的图 9.3 为例，在图中是展现了时间要素周期加载在时间框架为 H4 的 AUDUSD 图表中。即使是从历史数据图表中也无法很清晰地看出趋势的反转与时间要素周期的相关性，但是在图 9.4 中能够从历史数据图表中更加清晰地观察出趋势反转是在 33 周期左右开始的。也就是图 9.3 中的 190 周期左右。因此使用跨周期的共振可能可以发现更加准确的反转点。

2. 结合蜡烛线形态，也就是"五三战法"使用时间要素

这个会较好理解，时间要素中的时间周期会发出与趋势相反的信号，但是如上文所述，并不是所有发出的信号都会有效，那么投资者可以在信号发出的前后关注一下蜡烛线的形态，加强对信号的确认，从而使得时间要素这个元素在使用中能够发挥更好的作用。

图 9.3 AUDUSD 2017 年 11 月 27 日至 2018 年 2 月 21 日 H4

图 9.4 AUDUSD 2017 年 10 月 26 日至 2018 年 3 月 23 日 DAILY

同样的，笔者再次使用上文中的案例进行说明，在图 9.5 中发现 129 周期的附近有一个黑三兵的形态，而且在 129 周期中，价格从趋势的低点 0.7500 到 0.7870，也就是 3700 个点子，虽然之后的价格继续向上行，但是从交易获利的角度上来说，129 周期这个形态确实能够给投资者一个离场的参考价值（见图 9.5）。

图 9.5　AUDUSD 2017 年 11 月 27 日至 2018 年 2 月 21 日 H4

3. 结合重要数据发布的时间节点使用时间要素

笔者将重要数据的发布归类于基本面分析中的一块，时间要素结合数据发布的时间点进行使用的案例与介绍将会在应用篇中有关基本面分析的章节中进行具体的叙述。

可惜的是，笔者在翻阅了众多与一目均衡表相关的资料之后仍未找到一个精准有效的时间要素的使用方法，也或许是时间要素中的时间周期原本就只是给到投资者一个操作上的参考而已，并非一个非常精准的数值，笔者也是尽自己的可能将相关的信息与操作经验共享给读者，相信对读者更高效地使用时间要素会有所帮助。

第三篇

应用篇

第十章　相比一般技术指标的区别及优势

　　在本书应用篇的开始，笔者首先需要向所有读者说明的是，在应用篇中的所有投资案例均来自于笔者及所在交易团队的经验而成，并非完全按照一目均衡表发明人一目山人的本意来进行。理由非常简单，虽然笔者喜欢将一目均衡表说成是一套完整的交易体系，但在真实交易过程中，一目均衡表仍然只能够解决完整交易体系中的入场点与出场点的问题，甚至在具体入场点与出场点的设置上发明者并没有给出一个非常明确的说法。

　　或许是一目山人在设计这个交易系统的时候只考虑了市场状态的问题，即市场不是处于趋势中便是处于震荡中。如果按照这个说法，一目均衡表确实能够给到我们对市场目前的状态有一个较为清晰的参考标准。可每一个投资者都希望在学习了某一个指标之后就像拥有了一台印钞机，每时每刻都能够产出无穷的财富，那笔者可以非常负责任地告诉读者，任何公开的技术指标所提供的交易信号都并不是最好的，俗话说"适合的才是最好的"，交易信号同样也是如此。如果投资者认为找到了交易信号就能够在金融市场当中大赚特赚的话，那么只能说他是大错特错了。

　　因为真正能够帮助投资者盈利的并不是交易信号，应该是交易体系，而完整的交易体系的样式应该是包括多层级多方面的（见图10.1）。笔者也希望能够在之后总结出更多的有关交易系统的经验分享给中国的投资者。

　　从客观角度来说，一目均衡表包含的图表指标与理论要素依旧没有办法解决完整交易体系中的诸多问题，但是笔者相信，投资者的专注研究一定能够将一目均衡表这样一个神奇的指标运用到自己的交易中去。作为应用篇中的第一个章节，本章将先介绍一目均衡表与其他我们日常所能够见到的技术指标的不同之处以及优势，并且分析为什么笔者认为一目均衡表能够在众多技术指标当中脱颖而出。

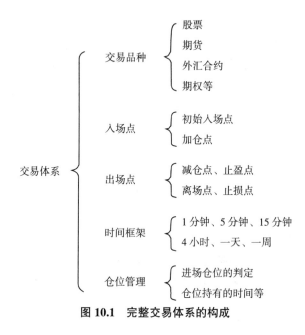

图 10.1 完整交易体系的构成

第一节 常见的技术指标

我国现代金融市场的起源是 1990 年上海证券交易所的成立，中国证券市场在中国实行改革开放政策之后也逐步进入到了开放的阶段，在政府的鼓励与引导下，涌现出众多的期望在股票市场中获取额外收入的股民，在股票市场开放的同时，许多国外常见的、经典的技术指标也被使用在我国的股票市场当中。但是许多股民发现这些指标在我国的股票市场中的有效性时好时坏，在对市场的认识逐步提高的同时，他们也得出结论，这些指标的使用与市场环境有关，包括市场的流动性、市场的有效性，更何况在中国，个股或指数的涨跌与政策导向有着密不可分的关联。

如 2015 年的股灾，大部分股民都觉得股价会继续上涨，而上证指数也不负众望、屡破新高，大有突破前期高点 6124 点的势头，当时市场上也出现了许许多多为投资者提供配资的民间平台，最终由于政策监管——去杠杆、挤泡沫导致了崩盘，从"千股涨停"到"千股跌停"只是一个政策导向的变化。据统计，从 2015 年中至 2016 年初，让股民心惊胆战的"千股跌停"一共发生了 14 次（见图 10.2）。

图 10.2　上证指数 2015 年 DAILY

　　类似的例子在中国金融市场中曾经也发生过数次，更不用说宏观产业调整对 A 股市场的影响有多巨大了。

　　那么什么是技术指标呢？从技术指标的英文名来看是 Technical Analysis Indicators，也就是帮助投资者能够更好地进行技术分析的指标。这样的指标绝大多数都是通过数学公式计算得出的数值的集合。

　　目前我国投资者常用的技术指标有许多种，根据加载在图表不同的位置可以分为主图指标与副图指标，根据指标的适用价格波动环境可以分为趋势指标与摆动指标（也就是震荡指标），在本书图表截取所使用的 MT4 软件中已按照不同类型对技术指标进行分类（见图 10.3）。

　　虽说软件 MT4 当中的技术指标类型十分全面，但是如果读者刚开始进入外汇市场，并且原先一直使用的是国内的行情软件进行看盘，那么 MT4 中的部分指标可能与国内软件中的指标有比较大的区别，如 MACD（见图 10.4），双线 MACD 与单线 MACD，国内投资者习惯使用的是双线 MACD，而在 MT4 中指标

MACD 是单线 MACD；又如国内投资者在判断行情是否震荡时会使用 KDJ 指标，在软件 MT4 当中，KDJ 指标只显示了 KD 两根线，而且名为 Stochastic Oscillator，也就是随机摆动指标（见图 10.5）。

图 10.3　软件 MT4 中技术指标的类型

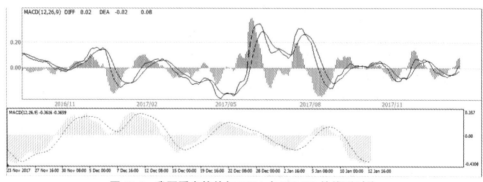

图 10.4　我国看盘软件与 MT4 中 MACD 的线形对比

　　而我们平时最常见的移动平均线，也就是 Moving Average，在软件 MT4 当中也有默认的四种不同算法加上七种不同应用价格的平均线可以供投资者进行选择。四种算法分别是简单移动平均线（SMA）、指数移动平均线（EMA）、平滑移动平均线（SMMA）以及线性加权指数移动平均线（LWMA），只是其中 SMMA 与 LWMA 算法在平时使用时会较少用到。其中不同应用价格分别是开、高、低、收与中间价格（最高价与最低价的均价）、典型价格（最高价、最低价与收盘价

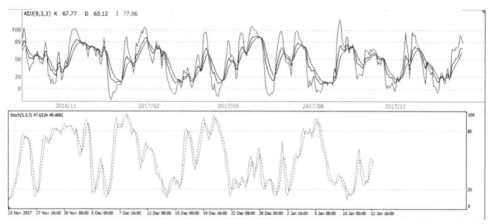

图 10.5　我国看盘软件中 KDJ 指标与 MT4 中 KD 指标的线形对比

的均价）、收盘权重价（最高价、最低价与两倍收盘价的均价）。笔者就以加载在 USDCHF 图表上的移动平均线为例，由于算法的不同，每一种移动平均线在图表中的线形都不同（见图 10.6），对于刚入门的投资者而言看到那么多不同算法的技术指标可能会不知所措，因为可能连简单移动平均线都不知如何使用，突然多了那么多的选择会更加迷茫；但是对一个投资老手来说会非常兴奋，因为软件自带的指标算法越多，投资者的选择就越多，也能够越简单地在软件中直接实现自己投资的想法。

图 10.6　四种算法的移动平均线线形对比

在图 10.6 中显示了 USDCHF 图表中加载的四种算法的移动平均线，SMA 是简单移动平均线、EMA 是指数移动平均线、SMMA 是平滑移动平均线、LWMA 是线性加权指数移动平均线。每一种移动平均线的算法都不同，因此显示在图表上的线形就有所不同，如 EMA 在计算方法中将权重给添加进去了，因此其线形相比 SMA 的线形会与蜡烛线更加贴合与平滑。

图 10.6 中显示的只是一个周期的线形区别，但是在实际的交易过程中投资者一般不会只使用一根移动平均线作为参考，这种线形的区别在同时加载多条移动平均线时会显得特别明显。比如说澳大利亚著名分析师戴若顾比先生创立的顾比均线。顾比均线是由 12 条简单移动平均线所组成，代表了投机者与投资者之间持仓周期长短的区别。笔者认为使用戴若顾比创立的顾比均线作为例子最为直观，很多投资者在学习了顾比均线的使用方法之后都会去做尝试，但是均线的种类却不止一种，不知如何是好。在图 10.7 中，笔者尝试使用 SMA 与 EMA 两种

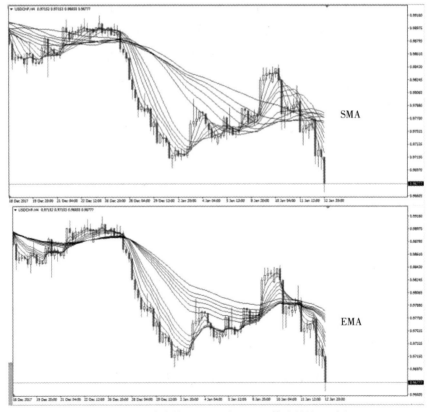

图 10.7　顾比均线使用 SMA 与 EMA 算法的线形对比

算法的移动平均线来显示顾比均线，虽然粗看这两种算法的顾比均线相差不大，但是细节部分的差距依旧是存在的，金融市场的投资交易原本就是非常细节化的工作，如果不在意细节，就很可能会造成非常大的亏损。当然根据不同投资者对顾比均线的理解，笔者认为图 10.7 中的两种移动平均线都是能够对投资者的交易提供参考的。

　　介绍过了主图指标中最常见的移动平均线，再来看一下副图指标中我国投资者常用的技术指标 BIAS 的使用情况。BIAS 指标显示在副图当中，表示价格到指定周期均线的偏离程度，在计算方式上与 MA 指标有着密不可分的关联，不过该指标在软件 MT4 当中并没有现成的函数，因此笔者根据 BIAS 指标的计算公式在软件 MT4 当中编写了一个，下面附上 BIAS 指标的公式与代码。

　　BIAS 指标计算公式：

　　（APPLIED_PRICE − MA_METHOD）/ MA_METHOD × 100%

　　笔者将具体的 BIAS 指标代码附在本书的附录 1 中以便读者查阅参考，而更多相关的代码文件读者可以通过登录网站 www.iforexbrainy.com 找到并下载使用。

　　图 10.8 中，主图中的三条线分别是 6 周期、12 周期与 24 周期的简单移动平均线，副图中显示了收盘价与这三条均线距离的 BIAS 指标。

图 10.8　USDCHF 2017 年 11 月 23 日至 2018 年 1 月 12 日 H4

　　我国投资者除了会使用 BIAS 来判断当前行情的偏离情况，也常会使用著名的 RSI 相对强弱指标来判定当前行情环境的多空（或说强弱）。RSI 为什么会有判定行情多空的能力？我们依旧将 RSI 指标的计算公式附上。

RSI 指标计算公式：

RSI = 100 − 100 ÷ (1 + 相对强度 RS)

相对强度 RS = N 日内收盘价涨数和之均值 ÷ N 日内收盘价跌数和之均值。

RSI 通过计算指定时间周期中蜡烛线的涨幅与跌幅的比例来判定行情的上涨或者是下跌。我们可以从 BIAS 与 RSI 的计算公式当中看出，所有技术指标的指向性功能都是由其计算方法的独特性来确定的。

第二节　与一般技术指标的区别

除了上文中提到过的 MA、BIAS 与 RSI 指标，投资者常用的指标还包括 CCI、MACD、ADX 等，但是依旧离不开蜡烛线的开盘价、最高价、最低价与收盘价这四个价位的计算。相信有读者看到此处会有所疑惑，一目均衡表不也是通过对价格的计算才得出的图表指标吗？怎么就被笔者说得那么与众不同？

第一点，一目均衡表这个指标是分为两个部分的，一个是图表部分，一个是理论部分，从本书的目录当中也能够看出，笔者在介绍整个一目均衡表时便将这两个部分给分开，便于读者理解与应用。确实，图表部分的指标能够通过蜡烛线上所显示的价格，通过数学公式进行计算而得出，但是理论部分是需要投资者实际应用，每个人都会有不同的结果和使用心得，并无法在图表上直接以数学计算的方式直接显示出来。因此，中国台湾的黄怡中先生在其著作《一目均衡表》中写道，"整个一目均衡表分为两个部分，一个部分是眼睛能够看到的部分，一个是看不到的部分"，笔者的理解是图表中的技术指标就是一目均衡表中可以看到的部分，而均衡理论部分就是眼睛看不到的部分了。就我本身的交易经验而言，交易的时间越长，越发现一目均衡表神奇的部分不在于图表部分，而在于其均衡理论部分。

正如图 10.9 中的冰山一样，一目均衡表的图表部分就像是冰山在海面以上的部分，而均衡理论部分则是海面以下的部分。冰山之所以能够漂浮于海面上取决于海平面以下的冰山所提供的浮力，而一目均衡表之所以神奇，笔者认为均衡理论部分占据了重头。

图 10.9 漂浮在海中的冰山

第二点，也是我觉得非常重要的一点，就是一目均衡表的三维体系（或三维框架）。

为什么说是三维体系？说到技术指标，使用图表来表达会更加直观、清晰，因此我先用一目均衡表的图表指标与一般技术指标来做一个对比，看看在图表上有什么区别。笔者使用上文中提到过的顾比均线来做示例，当然，在软件 MT4 中并没有顾比均线的技术指标，笔者按照顾比均线的加载方式写了一个应用收盘价并以简单移动平均线为基础的顾比均线，如果读者需要改变移动平均线的算法，可以修改外置参数 method 来进行调整，调整数值为 0~3，具体代码读者可在本书附录 2 中查找。

如果读者将一目均衡表的图表（见图 10.10）比照一下本章中提供的 RSI、BIAS、MA 的图表，或直接与加载顾比均线的图表（见图 10.11）进行比较就不难发现区别：一目均衡表的图表指标存在向左与向右的平移，迟行线是向左平移 26 个周期，而先行线 A 与先行线 B 所组成的未来云部分向右平移 26 个周期。无论是主图指标还是副图指标，这样的左右平移都是不多见的。

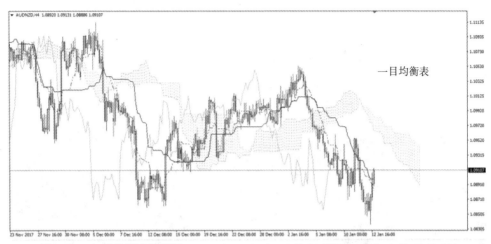

图 10.10　一目均衡表加载于 AUDUSD 2017 年 11 月 23 日至 2018 年 1 月 12 日 H4

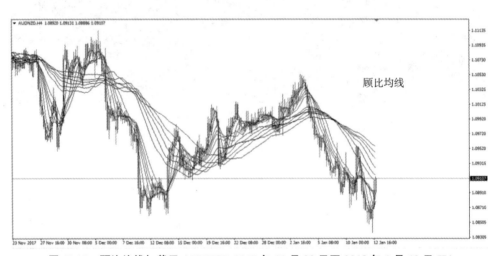

图 10.11　顾比均线加载于 AUDUSD 2017 年 11 月 23 日至 2018 年 1 月 12 日 H4

这样的平移与投资者自行在行情软件中对指标的平移是相同的，将已经计算好的指标通过平移一段距离，在一个新的位置进行显示。但是该指标的神奇之处在于指标在设计之初就进行了平移，与鳄鱼线仅向右平移不同，一目均衡表是向左向右均有平移，而且向左向右的平移距离是相等的，可谓符合了东方哲学中的平衡之美。

在日常生活中，我们一般会将"三维"与"立体"两个词连接起来，因此笔者将一目均衡表中没有进行平移的转折线与基准线指标定为第一维度，将进行向左平移的迟行线与向右平移的未来云（包括先行线 A 与先行线 B）定义为第二维度，可是图表中的所有指标都已经包含在第一维度与第二维度中了，第三维度究竟是什么？

在实际操作中，笔者将均衡理论部分中的时间要素定义为第三维度，理由非常简单，这个时间要素如果做成指标的话，能够非常直观地从图表中看出哪个位置可能会发生价格的反向波动。当然在本书均衡理论篇当中也有提到，时间要素是无法单独作为交易依据的，因此，作为第三维度，笔者将时间要素与五根图表指标线相结合使用，就能够更好地预测价格发生反向波动的"时间"。

读者肯定会觉得很好奇，为什么笔者在此处用了"时间"，而不是"价格"？

这也是第三维度的神奇之处，因为绝大多数的技术分析指标都是根据蜡烛线的四个价位计算而成的，因此使用技术分析指标来分析价格走势都会有滞后性，但是时间要素是在现在这个时间点，告诉投资者之后的某个时间点可能会发生"某件事情"，而这个"某件事情"就是价格的反向波动。这即意味着现在能够预知将来可能发生的事情，所以笔者认为一目均衡表可谓名副其实的具有三维体系的指标，正是因为一目均衡表有这样的三维体系，让这个指标与其他一般的技术分析指标有了非常大的不同。

第三节　一般技术指标的使用分析与统计数据概览

在本章的第三部分，笔者会揭露实战多年所积累的关于一目均衡表的交易秘密以供读者参考与思考。

在软件 MT4 中已有对指标的分类，这样对指标的分类方式也是国内外基本认可的，比如说趋势指标中有移动平均线（MA）、平均趋向线（ADX）、布林线（BOLL）、包络线（ENVELOPES）、抛物线指标（SAR）等（见图 10.12）。

在震荡指标的分类当中也有一些国内投资者耳熟能详的指标，比如说指数平滑移动平均线（MACD）、随机震荡指标（KD）、商品通道指数（CCI）、相对强弱指数（RSI）等等（见图 10.13）。

根据 MT4 中的指标分类，笔者在下面将对这些指标做一个简单的分析，在分析之前，我们先来大致区分一下趋势行情与震荡行情。笔者认为，趋势与震荡

```
Moving Average
Average Directional Movement Index
Bollinger Bands
Envelopes
Ichimoku Kinko Hyo
Parabolic SAR
Standard Deviation
```

图 10.12　软件 MT4 中趋势指标的分类选项

```
MACD
Stochastic Oscillator
Average True Range
Bears Power
Bulls Power
Commodity Channel Index
DeMarker
Force Index
Momentum
Moving Average of Oscillator
Relative Strength Index
Relative Vigor Index
Williams' Percent Range
```

图 10.13　软件 MT4 中震荡指标的分类选项

是相互包容、相互存在的，是你中有我我中有你的，在一目均衡表的波动要素中也明确了这一点。在图 10.14 中我们能够看到 2018 年 1 月 9~12 日，EURCAD 有一个非常明显的上涨，如果按照波动要素，可以判定为一个上涨 I 型波动。上涨 I 型波动可以说是在波动要素的定义当中非常强的一种波动类型了，但是上涨 I 型波动里面会不会存在震荡呢？

图 10.15 中的图形是图 10.14 的上涨 I 型波动从时间框架上的缩小，可以看到在图 10.14 中，上涨 I 型波动几乎就是一条笔直上涨的趋势形波动，但是从图 10.15 中来看，有上涨 N 型波动与两个 P 型波动（收敛波动），这两张图能够非常清晰地看出趋势行情与震荡行情之间的相互包含。

现在，读者应该能够从图 10.14 与图 10.15 的关系中对波动之间的相互关系有一个大致的了解，但是很多读者可能需要在了解趋势与震荡的关系之前，先定

图 10.14　EURCAD 2017 年 11 月 22 日至 2018 年 1 月 12 日 H4

图 10.15　EURCAD 2018 年 1 月 8 日至 2018 年 1 月 12 日 M30

义一下趋势行情与震荡行情。趋势行情就是价格向某一个特定方向长时间运动的市场行情；而震荡行情是价格在一段时间内没有向一个特定的方向运动，而是在一个价格区间内进行运动的市场行情。

按照道氏理论的观点，趋势会有不同的级别。在图 10.16 中，根据笔者的标记，在 2018 年 1 月 10 日 4：00~12 日 20：00 有一个正 V 型波动，就是在这个区间内，价格先下跌，后上涨，即意味着在这个区间内，投资者无法判断价格是向下或是向上的，这个就是震荡行情。震荡的价格区间的高点是 1.3320，低点是

1.3175。

在图 10.16 的正 V 型波动中，笔者又将该波动分为两个时间区间，区间一是 2018 年 1 月 10 日 4：00~11 日 12：00，区间二是 2018 年 1 月 11 日 12：00~12 日 20：00。可以看到，在区间一中，价格不断地下降，形成了下跌的趋势行情；在区间二中，价格不断地上升，形成了上涨的趋势行情。

在图 10.16 中我们可以清楚地区别出震荡行情与趋势行情，而且可以看出不同的行情是能够相互包含、相互存在的。只有读者能够区别出趋势行情与震荡行情，之后对指标的分析解释才会显得有意义。

图 10.16　GBPCHF 2018 年 1 月 8 日至 2018 年 1 月 16 日 H4

笔者将在趋势指标当中选择移动平均线（MA）与布林线（BOLL）作为分析对象，在震荡指标当中，笔者将取指数平滑移动平均线（MACD）、威廉指数（WPR）以及相对强弱指标（RSI）进行分析。分析的内容为指标判断行情信号与人工判断行情信号的准确度差别，由于该分析需要与人工判断趋势的精准度做比较，因此笔者只能够抛砖引玉，除去移动平均线指标的参数在进行分析的过程中会加以调整和添加指标之外，其他用作分析的趋势指标与震荡指标都将使用软件 MT4 中自带的参数进行分析，以防过度拟合的情况发生。

在分析指标的过程中，笔者会将分析重点放在震荡指标与趋势指标是否分别在震荡行情与趋势行情中有效，以此来判断指标的有效性。笔者将先人工判断行情是属于趋势行情还是震荡行情，后对照不同指标的适用范围，行情的判断与指标的适用区间都将在图片中显示出来，方便读者做参考、比较。

第一个选作分析的指标是简单移动平均线，其算法在众多技术指标当中可谓是最简单、直观的一个。在图 10.17 中，笔者使用了软件 MT4 默认的简单移动平均线的 14 周期作为参数，并在图中添加了三根虚线作为判定震荡行情与趋势行情的界线。从左至右的第一根虚线与第二根虚线中间的行情明显符合震荡行情的标准，在 2017 年 7 月 11~25 日，价格没有明显的上涨与下跌，在一个价格区间内进行波动，并在这段时间内价格至少 7 次触碰或穿越移动平均线，图 10.18 中的箭头位置便是价格穿越或触碰均线的位置。

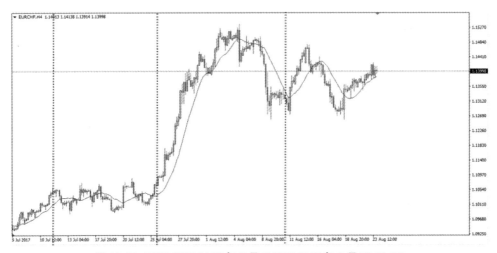

图 10.17　EURCHF 2017 年 7 月 5 日至 2017 年 8 月 23 日 H4

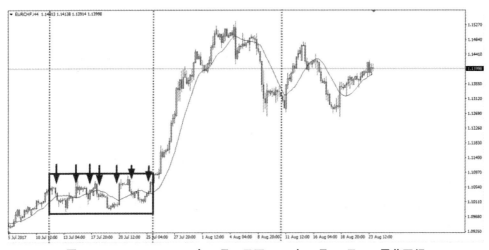

图 10.18　EURCHF 2017 年 7 月 5 日至 2017 年 8 月 23 日 H4 震荡区间

图 10.17 中第二根虚线至第三根虚线间的行情就是明显的趋势行情，在这段时间内的前半段价格呈上升趋势，后半段价格呈下降趋势。价格较震荡行情中的波动更大，但是触碰或穿越移动平均线的次数明显比图 10.18 中显示的震荡行情少，仅有 4 次，笔者用箭头在图 10.19 中有标注。

当然，在趋势行情中，价格也并非如图 10.19 中会较少地触碰移动平均线。当趋势行情中的趋势力量较弱时，价格也会频繁触碰移动平均线，如图 10.20 中的价格波动，虽然价格有比较明显的下降趋势，但是依旧多次触碰移动平均线，在这种情况下，笔者会判定趋势力量比较弱。

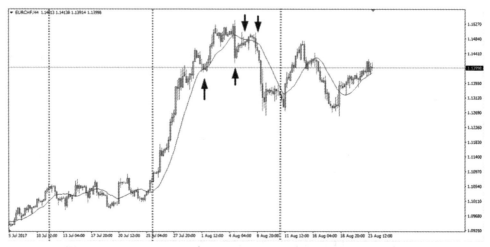

图 10.19　EURCHF 2017 年 7 月 5 日至 2017 年 8 月 23 日 H4 趋势区间

不过移动平均线在实际使用中不会只使用一根线，有更多投资者会同时加载多根移动平均线对行情的方向进行判定，甚至在同一张图表当中加载 12 根移动平均线的顾比均线。因此在碰到图 10.20 中的这种情况时，投资者会使用两根以上的移动平均线作为趋势方向判定的参考，一根移动平均线使用的周期参数较大，称为慢线，一根移动平均线使用的周期参数较小，称为快线，当快线在慢线上方时将被判定为上升趋势，而快线在慢线下方则将被判定为下降趋势。笔者在图 10.20 中添加了一根周期参数较大的简单移动平均线（参数为 30），形成了图 10.21，在原有判定下降趋势的时间区间内，发现快线穿越慢线的次数明显较先前单纯的价格穿越移动平均线的次数要少许多。

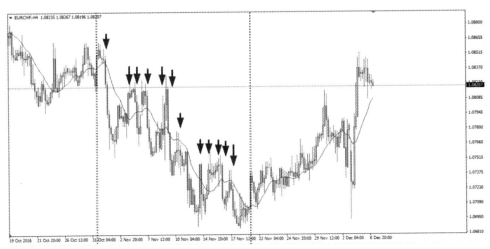

图 10.20　单移动平均线加载于 EURCHF 2016 年 10 月 19 日至 2016 年 12 月 7 日 H4

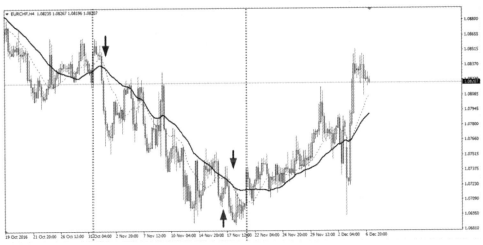

图 10.21　双移动平均线加载于 EURCHF 2016 年 10 月 19 日至 2016 年 12 月 7 日 H4

　　移动平均线是众多趋势指标中应用最为复杂的技术指标，因为除了简单移动平均线之外，还有各种算法的移动平均线；除了应用于收盘价的移动平均线之外还有应用于其他价格的移动平均线，比如说应用于最高价与最低价的移动平均线，在图 10.22 中可以看到两根 30 个周期的简单移动平均线，其中一根应用于最高价，一根应用于最低价。能够看到在下跌趋势中，价格几乎不会穿越或触碰应用于最高价的 30 个周期简单移动平均线；在上涨趋势中，价格也很少穿越或触碰应用于最低价的 30 个周期简单移动平均线。

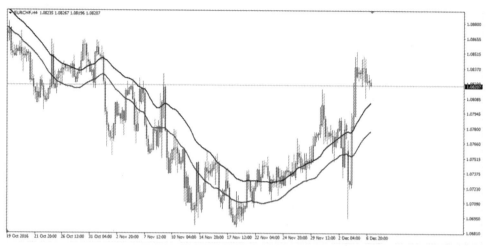

图 10.22　双移动平均线加载于 EURCHF 2016 年 10 月 19 日至 2016 年 12 月 7 日 H4

　　虽然移动平均线的算法繁多，也可以应用于多种不同的价格，而且方法因人而异，但这种趋势指标用来判定趋势的方法是相同的：价格在这个指标的哪一个方向，趋势就是往哪一个方向运动的。

　　作为移动平均线的"好朋友"布林线，其中轨线是一根应用于收盘价的简单移动平均线，上轨与下轨分别是中轨加上两个标准差与减去两个标准差。图10.23 中显示的是使用 MT4 默认参数的布林线图形。

图 10.23　布林线加载于 EURCHF 2016 年 10 月 19 日至 2016 年 12 月 7 日 H4

　　从图 10.23 中可以明显看到，如果行情处于上升趋势，价格则会常出现在布林线中轨以上；而如果行情处于下降趋势中，价格则会常出现在布林线中轨以下。作为最为复杂的趋势指标之一，其引入了统计学中标准差的概念，也使很多投资者将指标参数设置成适合自己应用的参数，并归结出自己独特的应用法则，比如说有一个名叫 Aberration 的交易系统常年获得稳定的回报，使用的便是价格向上突破布林线上轨做多，跌破布林线下轨做空，回踩中轨线是平仓。

但是无论投资者如何改变布林线的使用方法，唯一不变的就是只有价格在中轨线上方才能够确定上升趋势的存在，在中轨线下方才能确定下降趋势的存在。这种判定方法其实和移动平均线的判定方法一模一样，因为布林线的中轨线就是简单移动平均线。

不同投资者对指标的应用有所不同，但在趋势指标中，至少笔者多年的交易经验以及与众多基金管理人交流的心得说明，每个基金管理人都会设定至少一根移动平均线来做上升趋势与下降趋势的分界线，价格高于移动平均线便判定是上升趋势，而价格低于移动平均线便是下降趋势。类似的 SAR 指标、布林线指标都是相似的用法，而在主图中加载的趋势指标大多数与移动平均的计算方法有所关联，比如说鳄鱼线、包络线、布林线等，在此不一一举例分析。

下面的部分是关于趋势指标中的统计数据。统计数据均由软件 MT4 中的策略测试功能计算出来，具体数值会因为策略编写时进出场的条件不同于历史数据的差异而有细微的差别，笔者在此仅提供参考。统计数据的策略是根据趋势指标中主图的特点编写，即价格在指标上方，处于上升趋势，上涨概率大，入场做多；价格在指标下方，处于下降趋势，下跌概率大，入场做空。

我们先看一下最简单的移动平均线的模型统计数据，第一个模型的开仓规则是按照蜡烛线向上突破某一周期的单根简单移动平均线便做多；平仓规则是在 N 根蜡烛线之后平仓；蜡烛线如果向下跌破某一周期的单根简单移动平均线则做空，平仓规则同样是在 N 根蜡烛线之后平仓（见图 10.24 与图 10.25）。

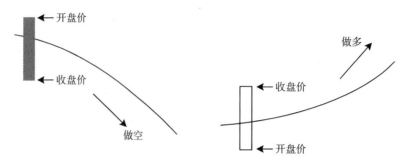

图 10.24　做多的开仓条件与做空的开仓条件

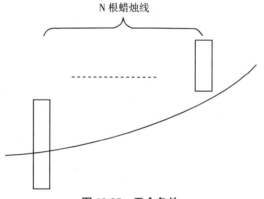

图 10.25　平仓条件

　　按照上面的规则，计算了两个常见交易品种：欧元兑美元与英镑兑日元，并加载在不同时间框架下突破不同移动平均线的胜率、盈利因子以及交易数目，在表 10.1~表 10.6 中展示了 MT4 回测系统按照该种规则回测的结果统计。

　　胜率（P/L%）就是盈利的次数除去亏损的次数，代表着发出信号的成功率。

　　盈利因子（PROFIT_FACTOR）是总盈利除去总亏损，也称为盈亏比。如果盈利因子大于 1，则最终结果为盈利；如果盈利因子小于 1，则最终结果为亏损；当盈利因子等于 1 的时候，期末的金额等于期初的金额。

　　交易数目（NUMBER_OF_TRADES）就是在测试的时间周期之内开仓后并平仓的次数。

表 10.1　统计结果（一）

品种：EURUSD　　时间周期：2017.01.01~2017.12.31　　点差：1　　时间框架：M15

SMA_PERIOD	CLOSE AFTER N BARS	P/L（%）	PROFIT_FACTOR	NUMBER OF TRADES
5	5	41.48/58.52	0.66	6859
	10	44.04/55.96	0.75	
	15	45.50/54.50	0.79	
	20	46.17/53.83	0.83	
	25	46.42/53.58	0.85	
10	5	41.95/58.05	0.67	4641
	10	43.68/56.32	0.76	
	15	45.01/54.99	0.79	
	20	45.81/54.19	0.83	
	25	46.58/53.42	0.85	
15	5	41.62/58.38	0.67	3715
	10	43.55/56.45	0.76	
	15	45.60/54.40	0.8	
	20	45.52/54.48	0.81	
	25	46.35/53.65	0.84	
20	5	42.17/57.83	0.69	3147
	10	44.30/55.70	0.79	
	15	46.04/53.96	0.83	
	20	45.57/54.43	0.83	
	25	46.43/53.57	0.86	
25	5	42.91/57.09	0.72	2736
	10	44.48/55.52	0.79	
	15	45.94/54.06	0.84	
	20	46.49/53.51	0.85	
	25	46.86/53.14	0.87	
		平均值：44.81	平均值：0.7892	

表 10.2　统计结果（二）

品种：EURUSD　　时间周期：2017.1.1~2017.12.31　　点差：1　　时间框架：H4

SMA_PERIOD	CLOSE AFTER N BARS	P/L（%）	PROFIT_FACTOR	NUMBER OF TRADES
5	5	52.39/47.61	1.02	397
	10	50.13/49.87	0.99	
	15	48.61/51.39	0.93	
	20	50.63/49.37	0.97	
	25	47.86/52.14	0.98	
10	5	54.55/45.45	1.16	220
	10	53.18/46.82	1.21	
	15	47.73/52.27	1.02	
	20	52.27/47.73	1.00	
	25	51.82/48.18	1.03	
15	5	51.53/48.47	1.02	196
	10	52.04/47.96	1.02	
	15	48.47/51.53	0.96	
	20	50.51/49.49	0.92	
	25	48.98/51.02	0.98	
20	5	52.84/47.16	1.03	176
	10	51.70/48.30	0.89	
	15	49.43/50.57	0.95	
	20	50.57/49.43	0.89	
	25	48.86/51.14	0.97	
25	5	50.00/50.00	0.95	158
	10	48.73/51.27	0.85	
	15	51.27/48.73	0.91	
	20	47.47/52.53	0.85	
	25	48.73/51.27	0.93	
		平均值：50.41	平均值：0.9772	

表 10.3　统计结果（三）

品种：EURUSD　　时间周期：2017.1.1~2017.12.31　　点差：1　　时间框架：DAILY

SMA_PERIOD	CLOSE AFTER N BARS	P/L（%）	PROFIT_FACTOR	NUMBER OF TRADES
5	5	47.37/52.63	0.84	76
	10	56.58/43.42	0.91	
	15	44.74/55.26	0.8	
	20	50.00/50.00	0.93	
	25	46.05/53.95	0.8	
10	5	56.25/43.75	1.3	48
	10	56.25/43.75	1.07	
	15	50.00/50.00	0.82	
	20	47.92/52.08	0.86	
	25	50.00/50.00	0.91	
15	5	60.00/40.00	1.78	30
	10	63.33/36.67	1.35	
	15	53.33/46.67	0.96	
	20	46.67/53.33	0.84	
	25	53.33/46.67	0.83	
20	5	51.61/48.39	1.11	31
	10	61.29/38.71	1.05	
	15	51.61/48.39	0.78	
	20	45.16/54.84	0.80	
	25	48.39/51.61	0.73	
25	5	42.86/57.14	1.05	21
	10	66.67/33.33	1.04	
	15	52.38/47.62	0.71	
	20	42.86/57.14	0.88	
	25	47.62/52.38	0.73	
		平均值：51.69	平均值：0.9552	

表10.4 统计结果（四）

品种：GBPJPY   时间周期：2017.1.1~2017.12.31   点差：1   时间框架：M15

SMA_PERIOD	CLOSE AFTER N BARS	P/L（%）	PROFIT_FACTOR	NUMBER OF TRADES
5	5	43.47/56.43	0.77	7085
	10	45.80/54.20	0.82	
	15	46.96/53.04	0.86	
	20	46.92/53.08	0.87	
	25	47.57/52.43	0.88	
10	5	42.99/57.01	0.74	4892
	10	45.83/54.17	0.81	
	15	46.40/53.60	0.84	
	20	46.95/53.05	0.86	
	25	47.55/52.45	0.88	
15	5	43.20/56.80	0.74	3958
	10	45.22/54.78	0.80	
	15	46.36/53.64	0.85	
	20	47.37/52.63	0.85	
	25	47.60/52.40	0.87	
20	5	42.87/57.13	0.75	3275
	10	45.25/54.75	0.82	
	15	46.81/53.19	0.86	
	20	47.11/52.89	0.86	
	25	47.21/52.79	0.88	
25	5	42.94/57.06	0.75	2932
	10	45.60/54.40	0.82	
	15	47.00/53.00	0.87	
	20	47.27/52.73	0.87	
	25	47.34/52.66	0.88	
		平均值：45.98	平均值：0.832	

表 10.5 统计结果（五）

品种：GBPJPY 时间周期：2017.1.1~2017.12.31 点差：1 时间框架：H4

SMA_PERIOD	CLOSE AFTER N BARS	P/L（%）	PROFIT_FACTOR	NUMBER OF TRADES
5	5	47.73/52.27	0.91	419
	10	50.36/49.64	0.97	
	15	48.21/51.79	0.95	
	20	49.16/50.84	0.92	
	25	47.02/52.98	0.96	
10	5	48.55/51.45	0.9	276
	10	51.81/48.19	0.99	
	15	48.55/51.45	0.92	
	20	49.28/50.72	0.87	
	25	46.01/53.99	0.96	
15	5	46.48/53.52	0.79	213
	10	51.17/48.83	0.92	
	15	47.89/52.11	0.87	
	20	48.36/51.64	0.78	
	25	46.48/53.52	0.87	
20	5	48.91/51.09	0.98	184
	10	51.63/48.37	0.95	
	15	47.28/52.72	0.88	
	20	48.37/51.63	0.84	
	25	48.37/51.63	0.94	
25	5	48.75/51.25	1.08	160
	10	50.63/49.37	0.97	
	15	45.63/54.37	0.87	
	20	46.88/53.12	0.82	
	25	49.38/50.63	0.98	
		平均值：48.52	平均值：0.9156	

表 10.6　统计结果（六）

品种：GBPJPY　　时间周期：2017.1.1~2017.12.31　　点差：1　　时间框架：DAILY

SMA_PERIOD	CLOSE AFTER N BARS	P/L（%）	PROFIT_FACTOR	NUMBER OF TRADES
5	5	46.67/53.33	1.11	75
	10	46.67/53.33	0.97	
	15	48.00/52.00	1.10	
	20	53.33/46.67	1.07	
	25	50.67/49.33	0.95	
10	5	54.90/45.10	1.17	51
	10	45.10/54.90	1.10	
	15	47.06/52.94	1.24	
	20	52.94/47.06	1.12	
	25	54.90/45.10	1.06	
15	5	39.39/60.61	0.82	33
	10	51.52/48.48	1.28	
	15	51.52/48.48	1.49	
	20	54.55/45.45	1.36	
	25	48.48/51.52	1.00	
20	5	37.93/62.07	0.94	29
	10	48.28/51.72	1.38	
	15	55.17/44.83	1.54	
	20	55.17/44.83	1.47	
	25	55.17/44.83	1.16	
25	5	42.42/57.58	1.08	33
	10	42.42/57.58	1.31	
	15	54.55/45.45	1.30	
	20	54.55/45.45	1.11	
	25	51.52/48.48	0.92	
		平均值：49.72	平均值：1.162	

从单根简单移动平均线的统计数据中可以看出，时间框架越大，该策略的胜率就越高，盈利因子也越大。这其实是由于越小的时间框架中价格的波动噪声越多，越难以表达价格真正的运动方向，这个运动方向就代表着价格的短期趋势，作为趋势指标当中最经典的一种，移动平均线自然有着非常良好的趋势性，因此大时间框架中的价格趋势性会强于小时间框架中的价格趋势性。

有些读者会说这样的策略在平时根本不会用，即使使用简单移动平均线作为策略的基础条件，也一定会用两根简单移动平均线作为趋势环境的判断，因此笔者也在下面使用了两根简单移动平均线作为策略的基础来统计相应的数据（见表10.7~表10.12）。

表 10.7　数据（一）

品种：EURUSD　　时间周期：2017.1.1~2017.12.31　　点差：1　　时间框架：M15

SLOW_SMA	FAST_SMA	CLOSE AFTER N BARS	P/L （%）	PROFIT_FACTOR	NUMBER OF TRADES
5	3	5	41.71/58.29	0.65	5692
		10	44.01/55.99	0.75	
		15	45.19/54.81	0.80	
		20	46.49/53.51	0.82	
		25	46.71/53.29	0.84	
10	6	5	41.33/58.67	0.68	2925
		10	43.21/56.79	0.75	
		15	44.99/55.01	0.81	
		20	45.95/54.05	0.84	
		25	46.02/53.98	0.82	
15	9	5	41.05/58.95	0.69	1932
		10	43.69/56.31	0.77	
		15	44.88/55.12	0.83	
		20	46.38/53.62	0.84	
		25	46.69/53.31	0.82	
20	12	5	40.00/60.00	0.66	1460
		10	44.04/55.96	0.80	
		15	45.62/54.38	0.84	
		20	46.16/53.84	0.85	
		25	47.12/52.88	0.85	

续表

品种：EURUSD　　时间周期：2017.1.1~2017.12.31　　点差：1　　时间框架：M15

SLOW_SMA	FAST_SMA	CLOSE AFTER N BARS	P/L（%）	PROFIT_FACTOR	NUMBER OF TRADES
25	15	5	42.78/57.22	0.77	1150
		10	44.43/55.57	0.82	
		15	45.91/54.09	0.85	
		20	47.65/52.35	0.83	
		25	48.17/51.83	0.93	
			平均值：44.81	平均值：0.7964	

表 10.8　数据（二）

品种：EURUSD　　时间周期：2017.1.1~2017.12.31　　点差：1　　时间框架：H4

SLOW_SMA	FAST_SMA	CLOSE AFTER N BARS	P/L（%）	PROFIT_FACTOR	NUMBER OF TRADES
5	3	5	51.90/48.10	1.06	316
		10	50.95/49.05	1.07	
		15	50.00/50.00	0.99	
		20	51.27/48.73	1.00	
		25	50.32/49.68	0.99	
10	6	5	50.62/49.38	0.89	162
		10	47.52/52.47	0.97	
		15	54.32/45.68	0.96	
		20	49.38/50.62	0.92	
		25	50.62/49.38	0.89	
15	9	5	54.64/45.38	1.02	130
		10	43.85/56.15	0.84	
		15	48.46/51.54	0.87	
		20	53.08/46.92	0.92	
		25	48.46/51.54	0.91	
20	12	5	44.90/55.10	0.71	98
		10	48.98/51.02	0.82	
		15	46.94/53.06	0.67	
		20	47.96/52.04	0.87	
		25	48.98/51.02	0.92	

续表

品种：EURUSD　　时间周期：2017.1.1~2017.12.31　　点差：1　　时间框架：H4

SLOW_SMA	FAST_SMA	CLOSE AFTER N BARS	P/L（%）	PROFIT_FACTOR	NUMBER OF TRADES
25	15	5	45.00/55.00	0.67	80
		10	46.25/53.75	0.65	
		15	46.25/53.75	0.72	
		20	47.50/52.50	0.85	
		25	42.50/57.50	0.88	
			平均值：48.83	平均值：0.8729	

表 10.9　数据（三）

品种：EURUSD　　时间周期：2017.1.1~2017.12.31　　点差：1　　时间框架：DAILY

SLOW_SMA	FAST_SMA	CLOSE AFTER N BARS	P/L（%）	PROFIT_FACTOR	NUMBER OF TRADES
5	3	5	45.90/54.10	0.83	61
		10	52.46/47.54	1.10	
		15	44.26/55.74	0.81	
		20	52.46/47.54	0.93	
		25	50.82/49.18	0.97	
10	6	5	64.29/35.71	1.51	28
		10	57.14/42.86	1.24	
		15	53.57/46.43	0.96	
		20	46.43/53.57	0.74	
		25	35.71/64.29	0.72	
15	9	5	53.33/46.67	1.62	15
		10	66.67/33.33	1.99	
		15	40.00/60.00	0.69	
		20	40.00/60.00	0.94	
		25	40.00/60.00	0.98	
20	12	5	46.67/53.33	0.54	15
		10	40.00/60.00	0.38	
		15	46.67/53.33	0.45	
		20	40.00/60.00	0.49	
		25	40.00/60.00	056	

品种：EURUSD　　时间周期：2017.1.1~2017.12.31　　点差：1　　时间框架：DAILY

SLOW_SMA	FAST_SMA	CLOSE AFTER N BARS	P/L（%）	PROFIT_FACTOR	NUMBER OF TRADES
25	15	5	58.33/41.67	0.96	12
		10	41.67/58.33	0.15	
		15	33.33/66.67	0.64	
		20	41.67/58.33	0.75	
		25	50.00/50.00	0.71	
			平均值：47.25	平均值：0.8679	

表 10.10　数据（四）

品种：GBPJPY　　时间周期：2017.1.1~2017.12.31　　点差：1　　时间框架：M15

SLOW_SMA	FAST_SMA	CLOSE AFTER N BARS	P/L（%）	PROFIT_FACTOR	NUMBER OF TRADES
5	3	5	44.43/55.57	0.78	5832
		10	46.14/53.86	0.83	
		15	46.91/53.09	0.86	
		20	47.48/52.52	0.87	
		25	47.84/52.16	0.89	
10	6	5	45.43/54.57	0.78	2965
		10	46.81/53.19	0.85	
		15	47.28/52.72	0.87	
		20	47.66/52.34	0.88	
		25	47.45/52.55	0.90	
15	9	5	43.94/56.06	0.80	1980
		10	44.75/55.25	0.82	
		15	45.71/54.29	0.84	
		20	46.41/53.59	0.86	
		25	48.03/51.97	0.90	
20	12	5	44.23/55.07	0.80	1465
		10	46.08/53.92	0.85	
		15	46.08/53.92	0.91	
		20	46.83/53.17	0.91	
		25	47.30/52.70	0.93	

续表

品种：GBPJPY　　时间周期：2017.1.1~2017.12.31　　点差：1　　时间框架：M15

SLOW_SMA	FAST_SMA	CLOSE AFTER N BARS	P/L（%）	PROFIT_FACTOR	NUMBER OF TRADES
25	15	5	42.50/57.50	0.74	1153
		10	44.23/55.07	0.79	
		15	44.49/55.51	0.84	
		20	45.71/54.29	0.90	
		25	45.88/54.12	0.88	
			平均值：45.98	平均值：0.8512	

表 10.11　数据（五）

品种：GBPJPY　　时间周期：2017.1.1~2017.12.31　　点差：1　　时间框架：H4

SLOW_SMA	FAST_SMA	CLOSE AFTER N BARS	P/L（%）	PROFIT_FACTOR	NUMBER OF TRADES
5	3	5	52.05/47.95	0.99	342
		10	52.05/47.95	0.95	
		15	49.12/50.88	0.96	
		20	48.25/51.75	0.91	
		25	48.83/51.17	0.94	
10	6	5	50.00/50.00	0.88	184
		10	48.37/51.63	0.89	
		15	48.91/51.09	0.93	
		20	48.91/51.09	0.86	
		25	49.46/50.54	0.97	
15	9	5	53.78/46.22	1.03	119
		10	51.26/48.74	1.05	
		15	47.06/52.94	0.86	
		20	43.70/56.30	0.85	
		25	42.86/57.14	0.97	
20	12	5	55.29/44.71	1.32	85
		10	48.24/51.76	0.94	
		15	48.24/51.76	0.99	
		20	48.24/51.76	1.04	
		25	45.88/54.12	1.01	

续表

品种：GBPJPY	时间周期：2017.1.1~2017.12.31		点差：1	时间框架：H4

SLOW_SMA	FAST_SMA	CLOSE AFTER N BARS	P/L（%）	PROFIT_FACTOR	NUMBER OF TRADES
25	15	5	52.05/47.95	1.01	73
		10	43.84/56.16	0.78	
		15	45.21/54.79	0.95	
		20	38.36/61.64	0.87	
		25	47.95/52.05	1.10	
			平均值：48.32	平均值：0.962	

表 10.12　数据（六）

品种：GBPJPY	时间周期：2017.1.1~2017.12.31		点差：1	时间框架：DAILY

SLOW_SMA	FAST_SMA	CLOSE AFTER N BARS	P/L（%）	PROFIT_FACTOR	NUMBER OF TRADES
5	3	5	45.76/54.24	0.97	59
		10	44.07/55.93	0.87	
		15	47.46/52.54	1.06	
		20	52.54/47.46	0.99	
		25	40.68/59.32	0.87	
10	6	5	58.62/41.38	1.64	29
		10	58.62/41.38	1.54	
		15	62.07/37.93	1.65	
		20	58.62/41.38	1.39	
		25	55.17/44.83	1.28	
15	9	5	45.00/55.00	1.39	20
		10	50.00/50.00	2.18	
		15	50.00/50.00	2.03	
		20	45.00/55.00	1.36	
		25	50.00/50.00	1.35	
20	12	5	73.33/26.67	5.16	15
		10	60.00/40.00	4.92	
		15	46.67/53.33	2.96	
		20	46.67/53.33	1.92	
		25	46.67/53.33	2.15	

续表

品种：GBPJPY　　时间周期：2017.1.1~2017.12.31　　点差：1　　时间框架：DAILY

SLOW_SMA	FAST_SMA	CLOSE AFTER N BARS	P/L（%）	PROFIT_FACTOR	NUMBER OF TRADES
25	15	5	83.33/16.67	8.29	12
		10	66.67/33.33	3.95	
		15	66.67/33.33	1.79	
		20	58.33/41.67	1.35	
		25	58.33/41.67	1.34	
			平均值：54.81	平均值：2.176	

在这个统计当中，所使用的两根简单移动平均线分别为快线与慢线，如果简单移动平均线所计算的周期短，则为快线，代表着该移动平均线随价格变化快；如果简单移动平均线所计算的周期长，则为慢线，代表着该移动平均线随价格变化慢。

开仓规则是在快线上穿慢线后的一根蜡烛线的开盘价开仓做多，快线下穿慢线后的一根蜡烛线的开盘价开仓做空，均在开仓 N 根蜡烛线之后平仓。

在这个数据统计当中依旧有许多不完善的地方，但是趋势指标中最具代表性的就是移动平均线，我们大致能够看出趋势指标在使用时的局限性。因此通过移动平均线所得出的统计数据能够代表趋势指标总体特点，如果读者有兴趣也可以尝试着计算其他趋势指标的相关概率，不过得出的结论应该与我做的相差不多。

图 10.26 与图 10.27 是笔者对移动平均线测试结果的归总，从图中可以很直观地看出平均胜率与平均盈利因子在时间框架变大时也会变高。虽然笔者所测试的时间周期仅为一年，当时间框架变大的时候样本量比较小，得出的结论不一定准确，但是考虑到笔者是使用了 EURUSD 与 GBPJPY 这两个相关性不强的品种进行测试，并且单均线测试与双均线测试均给出了相同的结果，因此这样的结果还是具有一定参考性的。

之后将做简要分析的震荡指标为平滑移动平均线（MACD）、威廉指数（WPR）以及相对强弱指标（RSI），如果投资者平时非常注重技术指标的使用，会发现震荡指标有个特点，就是几乎所有震荡指标均显示在图表中的副图，因此

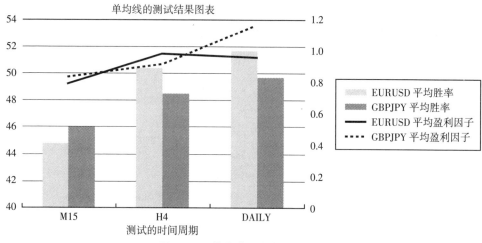

图 10.26　单移动平均线测试结果

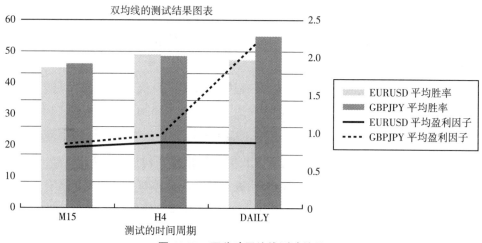

图 10.27　双移动平均线测试结果

在使用的过程当中就无法像移动平均线一样通过价格在指标的某一侧来判定是否是上行或者是下行。

　　震荡指标当中还能有更细的分类，一种震荡指标的数值会在最大值与最小值之间来回波动，另一种震荡指标的数值没有限制。根据不同投资者不同的使用风格，震荡指标会有很多不同的使用方法，不过被一般投资者所公认的使用方法有以下几种：

　　（1）顶底背离，当价格形态的高点不断抬高，但指标形态的高点反而降低时做空；当价格形态的低点不断降低，而指标形态的低点反而抬高时做多（见图

10.28）。不过顶底背离的模式多样，笔者在此不作展开叙述，读者可以阅读其他技术指标的相关书籍进行学习。

图 10.28 EURCHF 2016 年 10 月 18 日至 2016 年 12 月 6 日 H4

（2）使用某一水平位来区别行情的强弱环境，比如说使用 RSI 指标中的 50 作为水平线，当数值在 50 以下，说明行情较弱应该做空；当数值在 50 以上，说明行情较强应该做多（见图 10.29）。

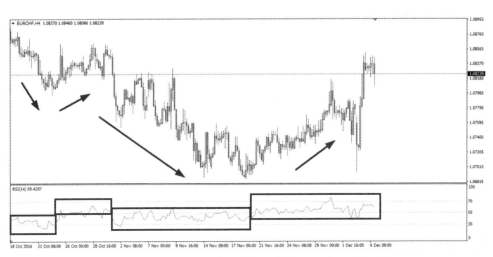

图 10.29 EURCHF 2016 年 10 月 18 日至 2016 年 12 月 6 日 H4

（3）如果有超买区与超卖区，当价格到达超买区时做空，当价格到达超卖区时做多（见图 10.30）。

图 10.30　EURCHF 2016 年 10 月 18 日至 2016 年 12 月 6 日 H4

上述三种方法是震荡指标常见的使用方法，但并非仅有的三种方法，许多投资者十分青睐震荡指标，甚至有人将震荡指标奉为解读市场机密的神器，究其理由，无非在绝大多数的时间内（据估计约有 70% 以上的时间，市场价格处于区间震荡行情），震荡指标能够非常出色地估计出价格波动的区间。但是当价格处于趋势行情当中，震荡指标非常容易发生钝化，以至于会产生指标数值一直处于超买区或者超卖区但价格并没有反转的情况（见图 10.31）。

图 10.31　EURUSD 2017 年 1 月 9 日至 2017 年 1 月 15 日 H1

　　在图 10.32 中也能够看出 RSI 的指标数值在价格不断上涨时，一直停留在超买区中，与指标处于超买区做空的用法明显不符。同样作为震荡指标的威廉指标是否也是如此，我们将 WPR 加载在相同的图表区域中看一下结果。在图 10.33 中可以看出，威廉指标钝化的时间区域与 RSI 指标钝化的时间区域有稍许不同，但是从整体上来看，当价格处于单方向运动时，WPR 指标同样会发生在超买区

图 10.32　RSI 指标加载于 EURUSD 2017 年 11 月 6 日至 2017 年 11 月 16 日 H1

图 10.33　WPR 指标加载于 EURUSD 2017 年 11 月 6 日至 2017 年 11 月 16 日 H1

与超卖区的钝化。

我们无法通过几张图表来说明震荡指标对于将来行情判断的准确程度，因此，与对趋势指标的分析一样，笔者同样使用了量化模型数据来观测震荡指标的准确性。在震荡指标的概率统计当中，笔者会使用中国投资者常用的 RSI 指标，并使用上述策略：开仓规则是 RSI 线跌破超买区做空，向上突破超卖区做多的震荡策略，平仓规则是开仓后经过 N 根蜡烛线周期之后平仓。并且加载在 EURUSD 与 GBPJPY 的 15 分钟、4 小时与日蜡烛线图中，得出下面的统计数据。

表 10.13 统计（一）

品种：EURUSD   时间周期：2017.1.1~2017.12.31   点差：1   时间框架：M15

RSI_PERIOD	CLOSE AFTER N BARS	P/L（%）	PROFIT_FACTOR	NUMBER OF TRADES
5	5	44.82/55.18	0.72	3050
	10	46.23/53.77	0.78	
	15	46.39/53.61	0.81	
	20	46.72/53.28	0.85	
	25	47.34/52.66	0.87	
10	5	45.04/54.96	0.71	1230
	10	44.55/55.45	0.70	
	15	43.58/56.42	0.70	
	20	44.55/55.45	0.73	
	25	47.15/52.85	0.79	
15	5	45.31/54.69	0.59	576
	10	43.40/56.60	0.66	
	15	44.97/55.03	0.69	
	20	43.92/56.08	0.66	
	25	44.62/55.38	0.71	
20	5	42.82/57.18	0.48	355
	10	40.28/59.72	0.53	
	15	41.69/58.31	0.59	
	20	42.82/57.18	0.58	
	25	43.38/56.62	0.65	

续表

品种：EURUSD　　时间周期：2017.1.1~2017.12.31　　点差：1　　时间框架：M15

RSI_PERIOD	CLOSE AFTER N BARS	P/L（%）	PROFIT_FACTOR	NUMBER OF TRADES
25	5	46.44/53.56	0.55	239
	10	41.84/58.16	0.60	
	15	43.51/56.49	0.70	
	20	44.77/55.23	0.67	
	25	47.28/52.72	0.74	
		平均值：44.54	平均值：0.7892	

表 10.14　统计（二）

品种：EURUSD　　时间周期：2017.1.1~2017.12.31　　点差：1　　时间框架：H4

RSI_PERIOD	CLOSE AFTER N BARS	P/L（%）	PROFIT_FACTOR	NUMBER OF TRADES
5	5	55.56/44.44	1.20	180
	10	52.78/47.22	1.13	
	15	50.56/49.44	1.01	
	20	52.78/47.22	1.09	
	25	48.89/51.11	0.97	
10	5	62.96/37.04	1.68	81
	10	59.26/40.74	1.32	
	15	45.68/54.32	0.76	
	20	46.19/53.09	0.74	
	25	44.44/55.56	0.65	
15	5	62.16/37.84	1.57	37
	10	56.76/43.24	1.49	
	15	45.95/54.05	0.69	
	20	43.24/56.76	0.77	
	25	45.95/54.05	0.73	
20	5	66.67/33.33	1.22	24
	10	62.50/37.50	1.42	
	15	45.83/54.17	0.78	
	20	45.83/54.17	1.01	
	25	50.00/50.00	1.11	

续表

品种：EURUSD　　时间周期：2017.1.1~2017.12.31　　点差：1　　时间框架：H4

RSI_PERIOD	CLOSE AFTER N BARS	P/L（%）	PROFIT_FACTOR	NUMBER OF TRADES
25	5	40.00/60.00	0.71	20
	10	60.00/40.00	1.48	
	15	40.00/60.00	0.96	
	20	50.00/50.00	1.06	
	25	45.00/55.00	1.03	
		平均值：51.16	平均值：1.0421	

表 10.15　统计（三）

品种：EURUSD　　时间周期：2017.1.1~2017.12.31　　点差：1　　时间框架：DAILY

RSI_PERIOD	CLOSE AFTER N BARS	P/L（%）	PROFIT_FACTOR	NUMBER OF TRADES
5	5	38.10/61.90	0.39	42
	10	54.76/45.24	0.76	
	15	50.00/50.00	0.91	
	20	50.00/50.00	0.72	
	25	38.10/61.90	0.57	
10	5	38.46/61.54	0.26	13
	10	46.15/53.85	0.31	
	15	30.77/69.23	0.19	
	20	30.77/69.23	0.18	
	25	7.69/92.31	0.06	
15	5	33.33/66.67	0.05	6
	10	16.67/83.33	0.05	
	15	0.00/100.00	0	
	20	16.67/83.33	0.10	
	25	0.00/100.00	0	
20	5	33.33/66.67	0.23	3
	10	66.67/33.33	1.10	
	15	33.33/66.67	0.27	
	20	0.00/100.00	0	
	25	0.00/100.00	0	

品种：EURUSD　　时间周期：2017.1.1~2017.12.31　　点差：1　　时间框架：DAILY

RSI_PERIOD	CLOSE AFTER N BARS	P/L（%）	PROFIT_FACTOR	NUMBER OF TRADES
25	5	50.00/50.00	1.19	2
	10	100.00/0.00	0	
	15	50.00/50.00	0.33	
	20	0.00/100.00	0	
	25	0.00/100.00	0	
		平均值：31.392	平均值：0.3196	

表 10.16　统计（四）

品种：GBPJPY　　时间周期：2017.1.1~2017.12.31　　点差：1　　时间框架：M15

RSI_PERIOD	CLOSE AFTER N BARS	P/L（%）	PROFIT_FACTOR	NUMBER OF TRADES
5	5	46.27/53.73	0.83	2946
	10	48.64/51.36	0.90	
	15	48.44/51.56	0.89	
	20	48.98/51.02	0.92	
	25	49.08/50.92	0.91	
10	5	46.97/53.03	0.80	1139
	10	46.36/53.64	0.78	
	15	47.32/52.68	0.79	
	20	48.46/51.54	0.81	
	25	47.76/52.24	0.84	
15	5	45.72/54.28	0.80	608
	10	45.39/54.61	0.80	
	15	44.08/55.92	0.81	
	20	46.55/53.45	0.78	
	25	43.91/56.09	0.77	
20	5	41.62/58.38	0.71	334
	10	43.41/56.59	0.70	
	15	45.51/54.49	0.82	
	20	46.11/53.89	0.80	
	25	44.91/55.09	0.79	

品种：GBPJPY	时间周期：2017.1.1~2017.12.31		点差：1	时间框架：M15
RSI_PERIOD	CLOSE AFTER N BARS	P/L（%）	PROFIT_FACTOR	NUMBER OF TRADES
25	5	41.21/58.79	0.67	199
	10	41.71/58.29	0.56	
	15	42.71/57.29	0.70	
	20	42.71/57.29	0.78	
	25	44.72/55.28	0.80	
		平均值：44.54	平均值：0.7904	

表 10.17 统计（五）

品种：GBPJPY	时间周期：2017.1.1~2017.12.31		点差：1	时间框架：H4
RSI_PERIOD	CLOSE AFTER N BARS	P/L（%）	PROFIT_FACTOR	NUMBER OF TRADES
5	5	43.94/56.06	1.03	198
	10	47.47/52.53	0.91	
	15	47.98/52.02	0.96	
	20	53.54/46.46	0.89	
	25	48.48/51.52	0.82	
10	5	40.74/59.26	0.62	81
	10	46.91/53.09	0.71	
	15	49.38/50.62	0.74	
	20	49.38/50.62	0.73	
	25	50.62/49.38	0.68	
15	5	30.77/69.23	0.47	52
	10	46.15/53.85	0.75	
	15	50.00/50.00	0.79	
	20	50.00/50.00	0.73	
	25	46.15/53.85	0.59	
20	5	17.65/82.35	0.17	34
	10	23.53/76.47	0.19	
	15	32.35/67.65	0.24	
	20	32.35/67.65	0.25	
	25	29.41/70.59	0.25	

续表

品种：GBPJPY　　时间周期：2017.1.1~2017.12.31　　点差：1　　时间框架：H4

RSI_PERIOD	CLOSE AFTER N BARS	P/L（%）	PROFIT_FACTOR	NUMBER OF TRADES
25	5	13.64/86.36	0.10	22
	10	22.73/77.27	0.18	
	15	27.27/72.73	0.18	
	20	31.82/68.18	0.19	
	25	22.73/77.27	0.19	
		平均值：38.19	平均值：0.5344	

表 10.18　统计（六）

品种：GBPJPY　　时间周期：2017.1.1~2017.12.31　　点差：1　　时间框架：DAILY

RSI_PERIOD	CLOSE AFTER N BARS	P/L（%）	PROFIT_FACTOR	NUMBER OF TRADES
5	5	53.57/46.43	1.68	28
	10	50.00/50.00	0.89	
	15	57.69/42.31	1.43	
	20	65.38/34.62	1.97	
	25	57.69/42.31	1.93	
10	5	87.50/12.50	5.1	8
	10	87.50/12.50	27.11	
	15	87.50/12.50	47.65	
	20	100.00/0.00		
	25	100.00/0.00		
.15	5	100.00/0.00		3
	10	100.00/0.00		
	15	100.00/0.00		
	20	100.00/0.00		
	25	100.00/0.00		
20	5	100.00/0.00		2
	10	100.00/0.00		
	15	100.00/0.00		
	20	100.00/0.00		
	25	100.00/0.00		

品种：GBPJPY　　时间周期：2017.1.1~2017.12.31　　点差：1　　时间框架：DAILY

RSI_PERIOD	CLOSE AFTER N BARS	P/L（%）	PROFIT_FACTOR	NUMBER OF TRADES
25	5	100.00/0.00		2
	10	100.00/0.00		
	15	100.00/0.00		
	20	100.00/0.00		
	25	100.00/0.00		
		平均值：89.87	平均值：12.2557	

在表 10.13~表 10.18 中的 RSI 测试数据并没有如同 SMA 那样给到我们很好的指向性，单从数据上看，胜率与盈利因子这两个评价指标与 RSI 的周期和时间框架并没有非常强的相关性，但是这并不意味着这份数据没有给我们任何信息。

首先，时间框架增大并急剧减少，从样本量上看，RSI 的样本数量会随着周期增大与减少速度越快于 SMA 在同等情况下的减少速度。

其次，从胜率上来看，无论是应用至 EURUSD 合约还是 GBPJPY 合约，相交 H4 与 DAILY 时间框架，M15 均是胜率最稳定的一个时间框架，或许这与样本量的多少有非常大的关系，当样本量较少的时候数据会显得非常不稳定。

但是有一点是值得我们特别注意的，读者可以将书翻到前面，再次查看有关简单移动平均线（SMA）的数据表格里面的内容，绝大部分的胜率都是低于 50% 的，这里笔者所说的不是"胜率的平均值"，而是说单行里面的胜率，这也可以从侧面说明市场行情在真实情况下就是单方向的波动与区间震荡的波动是相结合的，因此才会导致趋势指标与震荡指标的胜率都低于 50%。因此许多交易系统开发人员会使用其他的分析方法将价格的趋势行情与价格的震荡行情区分开来。

第四节　与一般技术指标相比的优势

笔者知道上述对一般技术指标的分析并不能够完全覆盖这些技术指标的使用方法，但是至少希望读者对趋势指标与震荡指标有一个基本的认识，即在趋势行情中使用趋势指标来做行情预判会比震荡指标精准；而在震荡行情中，震荡指标能够更好地预判价格的涨跌。

相信有读者读至此处时会有不少问题，其中最大的一个问题一定就是既然趋势指标在趋势行情中更有效，震荡指标在震荡行情中更有效，那我们不是更应该找出区分趋势行情与震荡行情的方法吗？为什么需要讨论那么多有关于技术指标的问题呢？

其实作为技术分析派，笔者相信价格至少在一定程度上反映了价格背后的各种信息，所以我们能够通过分析价格来判断行情的属性，那一目均衡表对一般技术指标的优势便是该指标既能够使用在趋势行情中，又能够在震荡行情里面发挥作用。顾名思义，一目均衡表便是一个能够帮助投资者一眼就分辨市场行情是否处于均衡状态的指标，至少笔者相信一目山人在设计该指标时是这么期望的。笔者对市场均衡状态的理解是多空的均衡，但是市场的多空是无法达到完全均衡的，所以不同的行情就意味着不同的均衡状态，比如说震荡行情意味着多空力量的大致均衡，而震荡行情的价格波动区间显示出均衡势力的强弱程度，如果震荡区间非常小，则说明多空势力均衡程度相当高；反之，则说明多空势力的均衡程度较低。趋势行情则说明了多空某一势力的强度在一个时间周期内要强于另一势力，因此从某种程度而言，趋势行情代表着另一种均衡。

许多投资者可能曾经使用过一目均衡表，或许根据 MT4 的分类，仅将它视为趋势指标，在趋势行情中使用；也或许听它的名字，感觉应该是在多空平衡状态（震荡行情）中使用，那笔者为什么会认为一目均衡表能够在震荡行情中发挥作用，又能够在趋势行情中显现威力呢？其实发挥作用的关键在于辨别市场价格环境，市场价格到底是处于单方向的趋势环境还是震荡环境，有经验的投资者能够通过一目均衡表的图表形态对市场环境进行区分。

读者在这里可能会有疑问：如果一目均衡表能够对市场环境进行分辨，是否意味着只要掌握了分辨的方法与技巧，就能够一买入价格就上涨，一卖出价格就下跌呢？我认为市场最大的魅力是能够在未知当中找到一定的规律，就一目均衡表而言，其分辨市场环境的能力是由其图表指标的计算与均衡理论中的各个要素自带的，但也并非能够确认具体的价位甚至预测未来的结果。不过这个指标能够分辨市场价格的波动环境就已经可以给我们的操作带来相当大的帮助了不是吗？

就笔者使用一目均衡表的经验来看，总结了以下几个能够直观判断出市场价格环境的方法。

1. 图表指标的排列顺序

与一般的移动平均线一样，有多头排列与空头排列，快线位于慢线上方就是多头排列，快线位于慢线下方为空头排列。虽然一目均衡表没有快线与慢线之分，但是其图表组成部分中的各类指标确实有移动的快慢之分，那么一目均衡表的系统当中应该也是有多头排列与空头排列的（HIGH［25］是当前蜡烛线前 25 根蜡烛的最高点，LOW［25］是当前蜡烛线前 25 根蜡烛的最低点，也就是当前蜡烛线所对应迟行线所处的蜡烛线位置）。

多头排列顺序应该是：转折线 > 基准线 > 现在均衡云 && 迟行线 > HIGH［25］&& 未来均衡云为多头（见图 10.34）。

图 10.34　CADJPY 2018 年 4 月 23 日至 2018 年 5 月 9 日 H1

而空头排列顺序应该是：转折线 < 基准线 < 现在均衡云 && 迟行线 < LOW［25］&& 未来均衡云为空头（见图 10.35）。

一目均衡表图表指标的多头排列或空头排列并不能够让投资者认定价格的波动环境情况，但是能够给之后价格波动的趋势一个参考，因为所有的图表指标在运行当中都会有一定的滞后。

图 10.35　CADJPY 2018 年 5 月 7 日至 2018 年 5 月 23 日 H1

2. 价格与图表指标的偏离程度

由于图表指标的滞后性，有不少投资者会根据价格与图表指标的偏离程度来判定价格之后是否会进入震荡波动环境。在图 10.36 中，CADJPY 是非常明显的向上波动的趋势环境，但是当价格与图表指标之间的偏离程度增大时，依旧会进入一小段短周期的震荡波动状态。

图 10.36　CADJPY 2018 年 3 月 29 日至 2018 年 4 月 16 日 H1

3. 价格与波幅要素的配合

波幅要素是对价格之后将会到达位置的预估，并不是说价格到了某个位置就不会再向上涨，只是根据系统创始人的经验，价格波动到一定程度，将会有震荡、回调或者是趋势的反转，在图 10.37 中可以看到笔者将低—C、高—A、低—C 从左至右标记出来分别作为波幅要素的 A、B、C 三点，根据 N 型波幅的计算（也就是斐波那契扩展线的 100% 扩展位），在图 10.37 中 CADJPY 的汇率价格到达斐波那契 100% 的扩展位时便出现了一段维持 40 根蜡烛线周期的震荡。

图 10.37 CADJPY 2018 年 3 月 29 日至 2018 年 4 月 16 日 H1

4. 高低点形态的判定

笔者一直认为高低点形态的判定在实际的交易分析当中是一个非常重要的关键点，因为价格的存在必然有出货人与收货人，也必定带有成交这个环节。当高点不断抬高的时候自然就意味着市场上的投资者愿意接受更高的价格，而当低点不断降低的时候也就意味着持有者愿意以更低的价格售出。

因此，高点不断抬高表示了价格趋势向上，而低点不断降低则预示着价格会继续下跌。

所谓"不识庐山真面目，只缘身在此山中"，很多时候我们常会发现许多分析师会使用历史数据进行技术面分析或基本面分析的讲解，当你知道结果的时候，自然知道如何去分析过程，但当投资者在真实市场中进行交易时发现在不知道市场价格结果的时候要进行分析实在是难之又难。笔者曾经也经历过这样的情况，因此笔者在之后的案例中会尽可能地模仿真实交易环境来分析这个神奇的技术指标。

总　结

一目均衡表作为一个有完整理论体系的技术指标，仅图表构成的五根线就常被不明所以的投资者拆分开来使用，更不用说对均衡理论的无视，导致很多投资者觉得一目均衡表十分难懂、难用，甚至是无用的技术指标。

因此我在本章中阐明了一目均衡表的诸多特点：

（1）加载于主图中的技术指标。

（2）除了有图表构成，还具有均衡理论，与常见的技术指标只由图表构成十分不同。

（3）笔者称其有三维体系：在图表构成中既有向左平移的指标，又有向右平移的指标，此为第一维度与第二维度，均衡理论中的时间要素为第三维度。

（4）并非仅能够在某一种特定的市场环境中使用，而是能够同时在震荡行情与趋势行情中发挥作用。

介于本章主要内容为介绍一目均衡表与其他一般技术指标的区别与优势，对于一目均衡表的具体使用方法与使用要诀并没有做出叙述，在应用篇之后的章节当中会有详细介绍。

第十一章　如何使用一目均衡表判断高低点

　　本章为应用篇中的单独章节，由于本章内容为判定高低点的方法，因此笔者在对本书内容进行编排的时候对本章节的编排位置有过犹豫，是否应该将本章置于应用篇中的第二章？还是将这个章节作为附录中的一部分？

　　但是经过一番思考，笔者还是决定在应用篇的第二章便说明如何判定价格的高低点。至于原因，笔者认为有两点：

　　(1)价格的高点和低点有非常重要的意义，能够用于判定市场行情的强弱，在均衡理论中不管是波动要素还是波幅要素的使用，都与价格的高点、低点密切相关。

　　(2)笔者在应用篇中会以具体的案例向读者说明一目均衡表的使用方法，而如何判定行情的高点与低点是笔者系统中最为基础且必不可少的环节。

第一节　价格高点、低点的意义

　　在软件 MT4 当中有一个自带的 iCustom 指标叫 Zigzag，图 11.1 中的折线便是将 Zigzag 指标加载在蜡烛线图中的效果，该指标也是在软件 MT4 中唯一的一个能够定位价格高点与低点的指标，从图中可以看到 Zigzag 将价格的高点与低点连接在一起形成之字形，因此也称为"之字形指标"。

　　Zigzag 这个指标的具体算法并不复杂，简而言之就是通过当前蜡烛线与之前 N 根蜡烛线的高点或低点进行比较来设立一个高点。读者并没有必要去深入了解这个指标的算法，因为这个指标虽然通过蜡烛线高点与高点、低点与低点之间的

图 11.1　EURUSD 2017 年 11 月 29 日至 2018 年 1 月 19 日 H4

比较得出相对的高点与低点，但是这样的高低点没有太大的实际意义。不过通过这个指标，我们可以发现两点问题：第一，依旧有投资者关注着行情波动中价格高低的判定问题；第二，目前并没有一个完全受广大投资者认可的判定高低点的指标存在，即使是 Zigzag 指标也仅仅是放在 MT4 中的自定义指标而已。

那么问题来了，在投资过程当中，我们为什么要断定高低点呢？有了这个价格的高点和低点，对我们投资的效率是否会有帮助呢？笔者认为这个答案是肯定的。

首先，我希望所有投资者都能明确的一点，就是在历史图表中判定价格的高点，其高必然会比左右 N 根蜡烛线的高点高，而判定低点，则其低必然会比左右 N 根蜡烛线的低点低。我举个例子，相信读者就能够明白，很多投资者能够非常容易地便在图 11.2 中找到高点和低点，相信应该不会和笔者标注的有太多的差别。

由于我们看的是历史数据图表，所以在判定高点与低点的时候就非常容易了，我们绝对不会取图 11.3 中框体部分中的任一蜡烛线的最高点作为高点，因为在历史数据图表中，我们发现在框体部分中的任何一根蜡烛线都没有相对左右两边更明显的高点存在。

图 11.2　EURUSD 2017 年 12 月 26 日至 2018 年 1 月 19 日 H4

图 11.3　EURUSD 2017 年 12 月 26 日至 2018 年 1 月 19 日 H4

　　但是，如果我们进入到真实的行情波动当中去，回到那个价格正在波动的时间点，可以发现原本在图 11.3 中框体内并不会被我们判定成高点的蜡烛线，在实时行情中却出现了能够被判定为高点的价格。在图 11.4 中，笔者已将能够判定为高点价格的蜡烛线用圆圈标注出来。

图 11.4　EURUSD 2017 年 12 月 18 日至 2018 年 1 月 12 日 H4

其实我们可以发现，即使没有通过任何特殊的计算方法，投资者仅凭肉眼就能够在历史数据图表中找到价格的高点与低点，因为它们会有一个相同的特征，都在价格的反转点上出现。也就是一目均衡表中波动要素中的 V 型波动，我们可以回顾一下 V 型波动的特点，为了让读者能够更好地理解，笔者截取与图 11.3 相同的图片进行阐述。

波动要素中的 V 型波动分为正 V 型波动与倒 V 型波动，在图 11.5 中标注的是正 V 型波动，在图 11.6 中标注的是倒 V 型波动，相信读者对 V 型波动的判定与笔者相差不大。在章节"波动要素"中有对 V 型波动做过这样的描述，正 V 型波动出现低点，倒 V 型波动出现高点。这个只是我们通过肉眼来识别高点和低点的方法，那么在本章第二节中将介绍如何量化识别价格的高点与低点。

笔者认为投资者能够通过肉眼识别出价格的高点与低点还不够，还需要理解价格为何会出现这样的形态。其实，驱动价格变化的动力无非就是投资者在市场当中的交易行为，当行情下行时，投资者的买入会使价格抬升形成正 V 型波动；当行情上行时，投资者的抛售会使价格下跌形成倒 V 型波动。换句话说，每一个低点都是新的多头势力取代了原有的空头势力，每一个高点都是新的空头势力取代了原有的多头势力，这意味着每一个高点和低点所在的价格都经历过一次多空势力的转换。

图 11.5　EURUSD 2017 年 12 月 26 日至 2018 年 1 月 19 日 H4

图 11.6　EURUSD 2017 年 12 月 26 日至 2018 年 1 月 19 日 H4

　　相信部分读者读到此处已经对高点与低点的意义有了一个比较基础的认识，那么这样的多空势力的转换点与现在的交易能够有什么样的关系呢？

　　笔者依旧从刚才的图例中进行举例，在图 11.7 中，笔者用圆圈标注的高点价格大约在 1.2076，而之前的一个高点差不多也是在 1.2076 附近。我们知道，有价格必然就有成交，成交就会有买卖双方，由于高点在 1.2076 附近，因此在

图 11.7　EURUSD 2017 年 12 月 26 日至 2018 年 1 月 19 日 H4

2018 年 1 月 4 日 20：00 的 1.2076 这一价位处买入操作的投资者之后都亏钱了，而在这一线做卖出操作的投资者都赚钱了。当价格在 2018 年 1 月 12 日 8：00 再次到达时，市场上的投资者会分为以下几种情况：

（1）依旧持有空单的投资者：持有的订单能够止损（空单平仓止损相当于做多），但依照笔者经验，100 个投资者当中有 80% 以上在交易过程中是完全不设止损的。

（2）依旧持有多单的投资者：从亏损到不亏损，持有的订单能够微利止盈出场（多单平仓止盈相当于做空），依照笔者经验，为数不少的投资者在持仓有微利的时候就会平仓离场。

（3）曾经持有空单但已经止盈的投资者：部分人认为这个价格做空依旧能够赚钱，部分人认为这个价格至少不能做多，只有少部分曾在这个价位做空盈利的投资者会在这个价格做多。

（4）曾经持有多单但已经止损的投资者：部分人认为这个价格做多仍然会亏钱，部分人认为这个价格至少不能做多，只有少部分曾在这个价位亏钱过的人继续在这个价位入场做多。

（5）从未入场，一直在观望的投资者：由于他们看到了历史数据行情，根据技术面的判断，价格历史是会重演的，因此这些投资者在 1.2076 这个价位进行做多是保持谨慎态度的。

　　上面所概括的基本上已经包含了交易市场上所有投资者的情况。从整体来看，绝大多数投资者在 1.2076 这个价格会选择做空交易，做空交易会使得价格下行，因此我们判断在这个价位会有阻力的存在，这个阻力其实就是交易者的交易心理所带动的交易行为产生的。因此会有很多投资者在图表中画很多线条，其实这些线条都代表着投资人的交易行为所产生的支撑或压力。

　　而每当价格突破了压力位，则压力位就转换成了支撑位，当价格跌破了支撑位，则支撑位就变成了压力位。在图 11.8 中最左边的圆圈所标注出来的低点产生了价格下行的支撑位，但当价格下行跌破了支撑位之后，支撑位就转变成压力位，在图中右边的圆圈标注出了价格触碰到了该压力位所导致的价格短期下跌。

图 11.8　EURUSD 2017 年 12 月 26 日至 2018 年 1 月 19 日 H4

　　相信读者能够在各类技术分析相关的书籍中找到类似的信息，因此笔者就不对这些最基础的信息做过多介绍了。

　　根据上文所述，便可以得出高点与低点的意义：高点和低点是多空势力的转换点，而多空势力的转换点会形成行情上行中的阻力或行情下行中的支撑。

第二节　判断价格高点、低点的方法

在读者认识到了高点、低点的意义之后，才有充足的理由去寻找高点与低点。如果单纯地按照 N 根蜡烛线之间的最高价最低价进行比较来取高点与低点，那笔者认为这样的高点与低点和一目均衡表的关联程度不高，既然一目均衡线有均衡理论作为基础，而且在均衡理论当中的波动要素与波幅要素都需要先行定义行情的高低点才能够使用（一说时间要素也需要先行定义行情的高低点才能更好地使用），那么我们判定高点、低点的依据也应该来源于一目均衡表不是吗？

可惜的是，在一目均衡表的体系当中并没有包含如何定义高点、低点的方法。根据笔者的交易经验，分享一套能够大致判定高点与低点的系统，笔者不确定一目山人是否这样使用，但是发现这样的判定方法确实能够给交易带来益处。不过我觉得这套方法应该还会有许多需要改进的地方，如果读者有更好的方法，可与笔者联系、交流。

从图 11.9 中可以看到，完整的一目均衡表应该是由五条线组成的，但进行

图 11.9　EURUSD 2017 年 12 月 26 日至 2018 年 1 月 19 日 H4

高点、低点判定时笔者只使用两根线：转折线与基准线。

有读者会有疑惑：为什么作为图表构成的一部分，迟行线与均衡云没有一起用于判定高点与低点？我认为迟行线与均衡云都有左右的平移，如果用它们来判定高点和低点或许会有不精确的地方，因此在这套判定高低点的方法当中没有加入进去。

在开始判定高点与低点之前，我们会将图表设置成图 11.10 的模板，在图表中只留下转折线与基准线，让整个图表变得更加干净，有助于之后我们能够清晰地看到自己所画的线条。

图 11.10　EURUSD 2017 年 12 月 26 日至 2018 年 1 月 19 日 H4

第三节　高点、低点所在的区域划分

根据第二节中图 11.10 的图表模板，将图 11.11 的技术指标设置成仅有转折线与基准线，其中在图表当中基准线为实线，转折线为点划线。

在图 11.11 中我们可以看到图表当中的两根线将整个图表分割成上、中、下三个部分，当然，在转折线等于基准线的时候会发生图表中只有上、下两个部分。笔者在设置时将上、中、下三个部分称为 A 区、B 区与 C 区，如果转折线与基准线相等时，则只有 A 区与 C 区。

有读者会好奇，这样的分区是否与转折线、基准线的上下位置有关？在笔者这套方法中分区的顺序不会因为两根线的位置发生转变而转变，无论转折线在基准线的上方还是在基准线的下方，都是由上至下的 A 区、B 区、C 区（见图 11.11）。

图 11.11　GBPAUD 2017 年 12 月 4 日至 2017 年 12 月 28 日 H4

分区只是判断高低点的第一步，笔者在表 11.1 中做了一个高点与低点能够存在的区域的归纳，根据高点与低点的特性以及一目均衡表双线的配合，笔者判定高点只能够出现在 A 区与 B 区，而低点只能够出现在 B 区与 C 区。

表 11.1　高低点出现的区域分类

	高点	低点
A 区	√	×
B 区	√	√
C 区	×	√

这个方法在笔者所在的团队第一次分享时也遭到了质疑，可能读者也会有些许疑问。当时有位交易员是这样问我的："如果蜡烛线一直都在一个区域里面，

岂不是一直只有高点或低点？"如果使用的是别的主图指标，非常有可能会出现笔者同事提出的这个问题，但是我们要留意的是我们使用的这个指标算法为最高点与最低点的均值，这就决定了，即使波动再小，都会出现价格的跨区，并形成新的高点和低点。

举个例子，在历史数据图表中我们看到欧元兑瑞士法郎在 2012 年中有一段时间汇率的波动非常之小，在图 11.12 中可以看到从波段的最高点至最低点的波动也不过是 15 个点子而已，就在这样小的波动区间当中我们也能够看到价格上下穿梭在 A、B、C 三个区间。

图 11.12　EURCHF 2012 年 4 月 20 日至 2012 年 5 月 21 日 H4

在 EURCHF 这样小的波动中，价格都能够在 A、B、C 三个区域中来回移动，可见转折线与基准线的计算方法是多么的巧妙。从上述的介绍中，读者应该已经知道了高点和低点所在的位置，那我们如何来判定某个价格是高点还是低点呢？

第四节　蜡烛线实体位置的决定性作用

首先，判定高点与低点的位置是根据蜡烛线的实体所在的位置来决定的，在

图 11.13 中我们可以看到框体部分圈出来的蜡烛线实体从最下部的 C 区直接收盘至 A 区，那这根蜡烛线就不能够被我们称之为站在 A 区或 B 区，必须是开盘价与收盘价同时都在 A 区才算是站在 A 区，因此在图 11.13 中所标注的这根蜡烛线虽然收盘价停留在 A 区，但是开盘价依旧在 C 区，因此无法从该根蜡烛线开始判定最高价。

从 C 区上跨至 A 区

图 11.13　EURCHF 2017 年 12 月 26 日至 2018 年 1 月 19 日 H4

　　根据蜡烛线实体必须在某一区域才能够开始判定高低点的原则，笔者将所有蜡烛线实体可能出现的区域位置全部列举出来，供读者参考。在图 11.14 中可以看到，笔者列举出了所有蜡烛线实体可能存在的位置，这个分类在之后的判定当中将会用到。

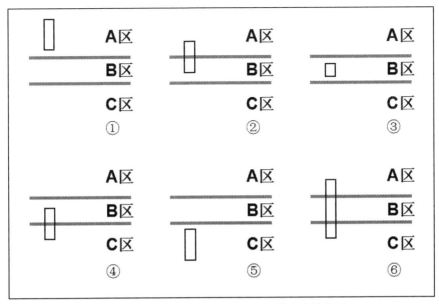

图 11.14　蜡烛线实体相对于分区可能存在的位置

第五节　如何找出第一个点

我们知道了高低点所在区域的划分以及蜡烛线实体的重要作用之后，还不需要着急开始画线，因为这个高低点的判定是用来判断将来行情的，但是我们手头的数据必然是历史数据，所以在判定高低点的时候我们必须模仿真实行情运动中蜡烛线生成的方向，也就是自左向右。

如果历史数据的量无穷大，是否就没有办法从历史数据的图表当中找到第一个高点或者是低点了呢？笔者以图 11.15 中的历史数据为例，图 11.16 是笔者将图 11.15 中的高点与低点连接起来的完成图。根据本章上文所介绍的高低点所在区域的划分中可以看出，A 区与 C 区的价位识别是最为单一的，A 区只能有高点而 C 区只能有低点，而在 B 区中可能会有高点也可能会有低点，因此，在历史数据中需要先找到完全站在 A 区或者 C 区的蜡烛线，如果该蜡烛线完全站在 A 区，我们就开始寻找高点，如果该蜡烛线完全站在 C 区就开始寻找低点。

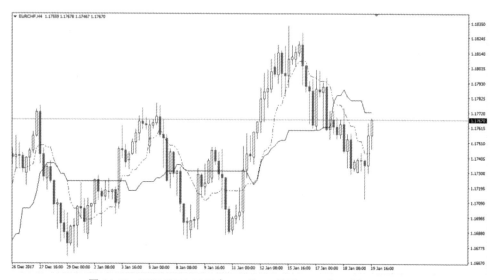

图 11.15　EURCHF 2017 年 12 月 26 日至 2018 年 1 月 19 日 H4

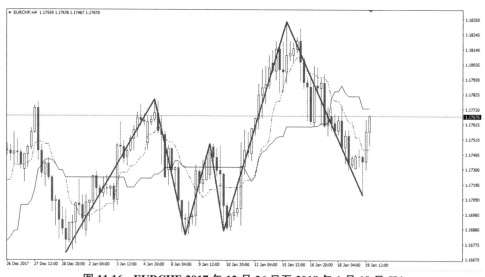

图 11.16　EURCHF 2017 年 12 月 26 日至 2018 年 1 月 19 日 H4

　　让我们以图 11.15 的历史数据为基础来一步步地进行分析，在该图表中我们可以看到最左侧的蜡烛线确实已经完全站上了 A 区，但是在更左侧是否有其他的数据我们并不知道，因此在图中我们先找到最左侧一根完全处于 C 区的蜡烛线，也就是在图 11.17 中被标注出来的这根蜡烛线，我称这根蜡烛线为"跨区确认线"。图 11.17 的最右侧是方框区域的放大图，可以非常清楚地看到箭头所指的蜡烛线的开盘价与收盘价均处于 C 区。

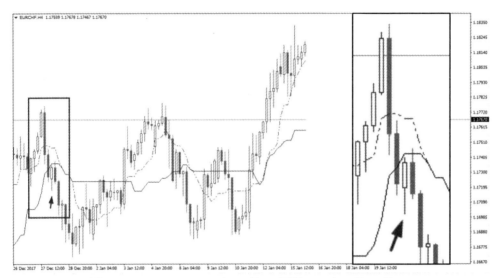

图 11.17　EURCHF 2017 年 12 月 26 日至 2018 年 1 月 19 日 H4

当我们找到这根蜡烛线之后，先向左找一根开盘价与收盘价都不在 C 区的蜡烛线，因为只有找到这样的一根蜡烛线，才能判定图 11.17 中箭头所指的蜡烛线为 C 区的跨区确认线。在图 11.18 中，右边方框是左边方框中蜡烛图的放大图。笔者在图 11.18 中将第二根蜡烛线用箭头标注出来，由于该图表左边的历史数据在该图表中显示不出，导致我们无法知道更左边的历史数据中是否有其他更高的价格作为判断。

此时需要读者有一定的想象能力，想象蜡烛线是由左至右生成的。不管市场行情是从 A 区还是 B 区开始，我们需要知道的是当 C 区的跨区确认线生成时，我们就应该开始判断低点。按照完整的判断方法，当 C 区的跨区确认线成型时，我们应当先找出跨区确认线（含跨区确认线）至前高点（不含前高点所在的蜡烛线）之间的所有最低价位于 C 区的蜡烛线，然后进行这些最低价的比较，找出最低的最低价作为起始低点。但是在图 11.18 中，C 区的跨区确认线之前没有确定的高点，因此笔者将最近一根开盘价与收盘价均不处于 C 区的蜡烛线做代高点，找到之间的最低价位于 C 区的蜡烛线，一共是两根，在图 11.19 中标注出来，取两根蜡烛线最低价较低的为低点，然后开始进行低点的判断。

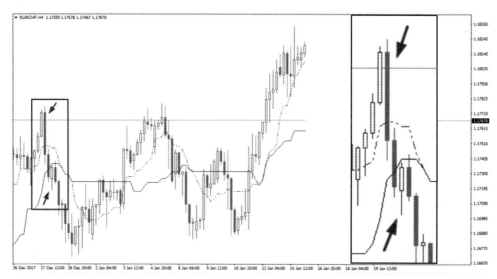

图 11.18　EURCHF 2017 年 12 月 26 日至 2018 年 1 月 19 日 H4

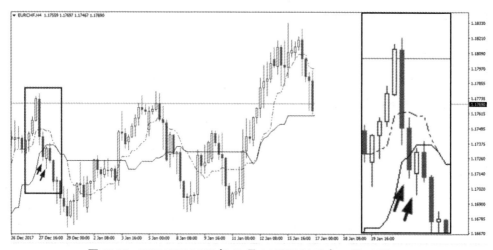

图 11.19　EURCHF 2017 年 12 月 26 日至 2018 年 1 月 19 日 H4

　　在我们找到第一根跨区确认线并完成 C 区低点判断之后，我们要做的第二件事情就是对之后出现的蜡烛线作一个分类判断。根据判断所造成的不同结果，能够分成三种不同的蜡烛线类型。

　　第一种是新生成蜡烛线的最低价没有低于已被判断出的低点，开盘价与收盘价也不是全部位于非 C 区的区域，则不做任何操作，原低点保持不变。

　　第二种是新生成的蜡烛线的最低价相较原先的低点更低，则新的最低价取代原先的低点成为新的低点。

第三种是价格不再向下运动，反而出现了开盘价与收盘价都在非 C 区的区域，如果是这样，我们就需要调转头开始判定高点的位置了。

根据图 11.20 中的历史数据，可以看到在跨区确认线之后的一根蜡烛线满足了类型 1（见图 11.20），没有出现更低的最低价，也没有出现开盘价与收盘价均在非 C 区的区域的蜡烛线，因此低点依旧是在跨区确认线的最低价。

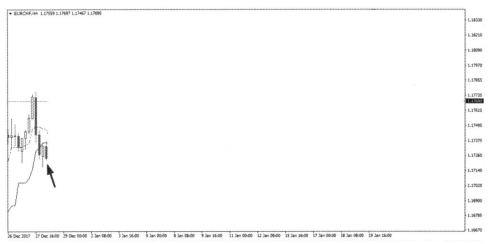

图 11.20　EURCHF 2017 年 12 月 26 日至 2018 年 1 月 19 日 H4

从图 11.20 开始，后面的蜡烛线不断生成，有些蜡烛线满足类型 2 的条件，有些满足类型 1 的条件，直到图 11.21 中的蜡烛线生成。在图 11.21 中可以看到

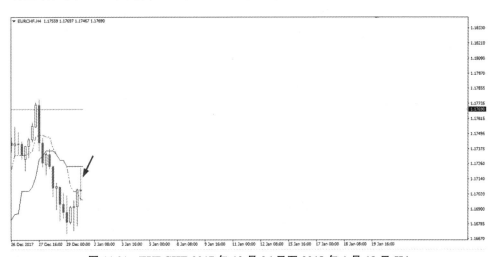

图 11.21　EURCHF 2017 年 12 月 26 日至 2018 年 1 月 19 日 H4

所标注的这根蜡烛线开盘价与收盘价均位于 B 区，也就是非 C 区域，因此在低点确认了之后，该根蜡烛线的出现就满足了类型 3 的条件，我们需要开始判断高点。

判断高点的方法和判断低点的方法是一样的，在图 11.21 中所标注的蜡烛线被称为跨区确认线，找出所有跨区确认线（含跨区确认线）至前低之间的最高价高于 C 区的蜡烛线，并比较它们的最高价，以较高的最高价作为高点，连接低点与高点（见图 11.22）。

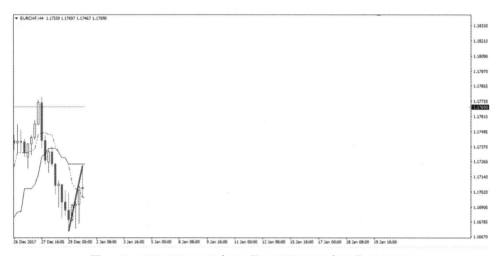

图 11.22　EURCHF 2017 年 12 月 26 日至 2018 年 1 月 19 日 H4

在图 11.22 之后的一段时间里，行情一路向上，没有产生开盘价与收盘价同时存在于 C 区的蜡烛线，甚至出现了开盘价与收盘价均位于 A 区的蜡烛线，见图 11.23 中笔者所标识出来的蜡烛线。

对于高点来说，出现这样的跨区确认线只是产生了一个新的高点而已，但是如果对于之后的低点判断来说，在图 11.23 中标识出来的跨区确认线已经达到了 A 区，这个就意味着如果之后的蜡烛线只要开盘价和收盘价都位于非 A 区的区域，就会需要判定低点的存在，而在图 11.21 当中标识出来的位于 B 区的跨区确认线需要开盘价与收盘价都在 C 区时才会需要判定低点。

随着行情的继续，又有新的蜡烛线不断形成，在经过数根蜡烛线之后，价格不再形成新的高点，调头向下波动，从图 11.24 中可以看到笔者用箭头标注了一根蜡烛线，它的特点就是开盘价与收盘价均位于非 A 区的区域，因此它就是一根跨区确认线，可以开始判定低点的存在，根据上文中所述的方法，我们可以找到低点就是该跨区确认线的最低价，因此可以将高点与低点相互连接。在图 11.15中展示的历史数据当中，将所有高低点按照笔者的判定方法进行连线之后应该如图 11.25 所示。

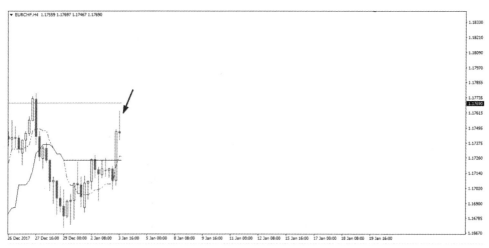

图 11.23　EURCHF 2017 年 12 月 26 日至 2018 年 1 月 19 日 H4

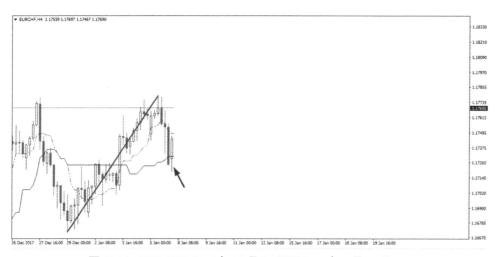

图 11.24　EURCHF 2017 年 12 月 26 日至 2018 年 1 月 19 日 H4

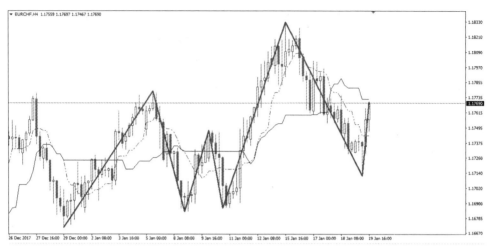

图 11.25　EURCHF 2017 年 12 月 26 日至 2018 年 1 月 19 日 H4

可以看到在图 11.25 中的高低点的连线并没有一个明显的价格波动的方向，笔者找了另一个案例，显示了在有明显趋势方向的行情当中是如何来判断高低点的。在图 11.26 中可以看出在 2017 年 7 月 5 日~9 月 1 日，XAUUSD 有一轮非常明显的 100 多美元的上涨，在上涨的过程当中还有波动，笔者就将这段时间作为案例进行分析。

图 11.26　XAUUSD 2017 年 7 月 5 日至 2018 年 1 月 18 日 H4

在图 11.27 中，笔者从左至右将三个关键点给标注出来，用圆圈圈出来的 A 点判定为低点；用箭头标注出的蜡烛线 B 点为 B 区的跨区确认线，跨的是从 C 区至 B 区；用箭头标注出的蜡烛线 C 点为 A 区的跨区确认线，跨的是从 B 区至 A 区，最高价不断抬高，因此高点不断上移。当我们连接低点与高点之后就应该如图 11.28 所示。

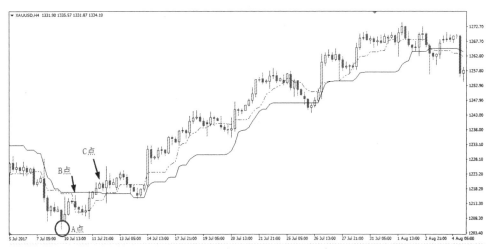

图 11.27　XAUUSD 2017 年 7 月 5 日至 2017 年 8 月 4 日 H4

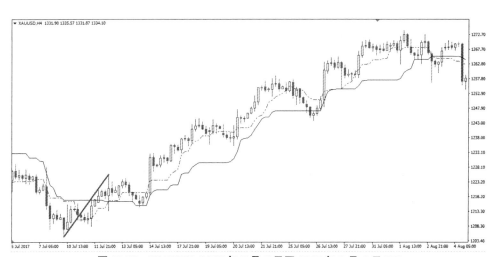

图 11.28　XAUUSD 2017 年 7 月 5 日至 2017 年 8 月 4 日 H4

我们一起来加快脚步，将一个个重要的关键点位全部找出来，如图 11.29 中所示：

（1）A 点为 B 区的跨区确认线，由于前点为高点，因此该点开始判定低点；

（2）B 点为 A 区的跨区确认线，开始判定高点；

（3）C 点为 B 区的跨区确认线，开始判定低点；

（4）D 点为 A 区的跨区确认线，开始判定高点；

（5）E 点为 B 区的跨区确认线，开始判定低点；

（6）F 点为 C 区的跨区确认线，只能够判定低点，由于前点为低点，因此延续前点的低点判定；

（7）G 点为 A 区的跨区确认线，开始判定高点；

（8）H 点为 B 区的跨区确认线，开始判定低点。

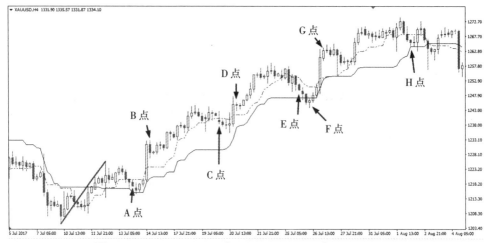

图 11.29　XAUUSD 2017 年 7 月 5 日至 2017 年 8 月 4 日 H4

按照上文中判定高低点的方法，笔者将 XAUUSD 品种中 2017 年 7 月 5 日~9 月 1 日的高低点全部连接起来，形成了图 11.30。当然，图 11.30 并非我们最终会使用的分析图表，因为一目均衡表的图表构成还有两个非常大的组成部分（迟行线与均衡云）尚未在图 11.30 中显示出来。虽然在本章开始笔者就有提到，高低点的判定是一目均衡表使用过程中至关重要的一个点，但并不意味着单单使用高低点就能够构成一套完整的交易体系。

本节只是总结了使用一目均衡表中基准线与转折线来进行高低点判定的方

法，但是并不代表判断高低点的方法只有这一种。同时，笔者所在的技术团队根据上述判定高低点的方法编制了相关的指标代码，虽然与笔者详细描述的高低点判断有些许出入，但是笔者觉得其亦有可取之处，因此将其代码附在本书的附录3当中，供投资者自由使用。

图 11.30　XAUUSD 2017 年 5 月 26 日至 2017 年 9 月 1 日 H4

第六节　高低点在一目均衡表中的使用

　　一目均衡表的交易体系融合了图表构成与均衡理论，但是正如笔者在本书中提到过的，如果一目均衡表只有图表构成的使用的话，那么这个技术分析指标和其他的技术分析指标不会有很大的区别，但是正是由于一目均衡表的交易体系还包含了均衡理论，由此使得这个技术指标变得更加神奇。

　　那均衡理论里面就包括了波动要素、波幅要素与时间要素，在这些重要的理论里面就有必须使用到高点与低点判定的地方，有些有经验的投资者就会问："是否只有这一种判断高低点的方法？""有没有其他的更好的判断高低点的方法？"笔者认为肯定是有的，而且每一个投资者肯定会有不同的判断高低点的方法，甚至交易的周期不一样也会使得判定高低点的方法不尽相同，在软件 MT4 当中的能够判定高低点的 Zigzag 指标都是能够使用的。

　　只是笔者认为，既然一目均衡表的交易体系已经那么完整了，即便一目山人在原著当中没有提到过如何定义高点与低点，但是一定给我们留下了些蛛丝马迹，或许通过一目均衡表中的其他构成要素，也或许通过其他的技术指标、算法分析可以得到各种不同类型的高点或者低点，这都视每位投资者个人的使用情况而定了。

　　但是，在这里我需要特别强调的一点是高点与低点的重要性，其实在本章的第一节中已经解释过，但是笔者在这里还是需要再次强调。很多技术指标在书本上写得非常神奇好用，但是加载至真实波动的数据当中却令人眼花缭乱，其最主要的原因就是投资者没有办法判断目前行情所处的环境究竟是如何的，在本书"相比一般技术指标的区别及优势"一章当中就明确提出，很多技术指标为什么反映行情不准确，就是因为技术指标有其局限性，震荡指标更加适用于震荡行情，趋势指标更加适用于趋势行情，该章当中也非常直白地向读者解释了怎么去分辨震荡行情与趋势行情，看高点与低点的移动就能够判别行情的环境究竟是怎么样的。

　　这里将先根据本书前章中已分享给投资者的方法，向读者说明高点与低点的重要使用原则。说明的先后顺序依次为：波动要素中的使用、波幅要素中的使用、时间要素中的使用。会有读者很好奇，这些均衡理论在上一篇已经全部介绍过了，为什么又要放在本章当中单独介绍一遍？在上一篇中对高低点的判断都是非常主观的，而均衡理论在应用的过程中最值得注意的点就是高点与低点的判断，笔者所做的就是让对高点与低点的判断不再主观，将这些判断的条件变得客观化、量化，让不同的投资者在使用完笔者的判定方法之后能够判定出来的高点与低点是相同的。

　　在均衡理论中波动要素排在首位，为什么？我无法去猜测一目山人原本的想法，但是有一点是非常肯定的，就是市场行情究竟是上下震荡还是单边趋势，我们可以通过熟练使用波动要素来快速判断。在上一篇中就有详细介绍一目均衡表中的波动要素，但是由于所有的判断都过于主观，因此笔者就没有介绍具体的使用方法。如果笔者介绍了这种主观判断的使用方法，那与很多金融分析师拿着震荡指标分析震荡行情（见图 11.31）、拿着趋势指标分析趋势行情（见图 11.32）有什么分别呢？

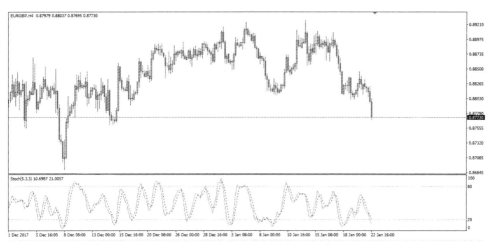

图 11.31　EURGBP 2017 年 11 月 30 日至 2018 年 1 月 22 日 H4

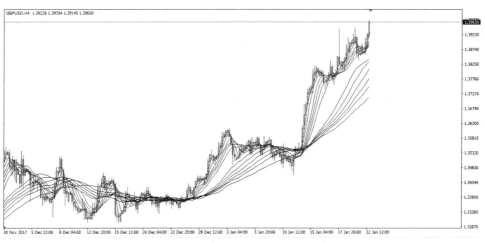

图 11.32　GBPUSD 2017 年 11 月 30 日至 2018 年 1 月 22 日 H4

　　我就用本章第五节中使用过的信息，以图 11.33 为例，在该图中我们可以看到 XAUUSD 的高低点已经被判断出来并连接在一起，形成了上上下下锯齿状的连接指标，就单单看这样的指标，是否与波动要素中的几种波动特别相似呢？

　　在波动要素中一共有五种波动，分别是 I 型波动、V 型波动、N 型波动、Y 型波动与 P 型波动，除了 Y 型波动与 P 型波动是高点与高点、低点与低点之间的连线形成波动形状之外，其他三种波动类型的波动形状都是可以直接连接高点与低点的。不过我认为 I 型波动与 V 型波动是组成 N 型波动的基本要素，因此在判定市场行情的涨跌环境时可以直接使用 N 型波动来进行判定。

图 11.33　XAUUSD 2017 年 5 月 26 日至 2017 年 9 月 1 日 H4

　　为了能够更清楚地观察波动要素与市场环境的关系，并且方便向读者阐明，笔者在图 11.34 中标识出了 A~N 点。根据上涨 N 型波动低点不断抬高、高点也不断抬高的特征（见图 11.35），我们在图 11.34 中可以看到 ABCD、CDEF、EFGH、IJKL 均满足上涨 N 型波动的特征，而这样的特征实际上也正满足了上升趋势行情的价格运动特征，单从肉眼就能看到 A~N 的价格处于上涨趋势当中。

图 11.34　XAUUSD 2017 年 5 月 26 日至 2017 年 9 月 1 日 H4

图 11.35 下跌 N 型波动与上涨 N 型波动

不过在这样大的趋势行情当中也包含了小的震荡行情，这也是笔者在本书当中提到过的部分，就是波动的相互包含情况，而这种波动的相互包含在图 11.34 中也能够非常清楚地看到。在图中 H 点与 I 点之间、L 点与 M 点之间有较为明显的价格震荡，我们可以发现这种价格震荡的间距比较小，也就是高低点出现的间距小，高低点频繁交叉出现，但是这样的高低点的经常出现却缺少价格明显的上升或者下降，这种情况下，就可以判定这是在进行小区间的震荡了。

看到这里，我们依旧处于分析的第一步，尚没有进行如何使用的正式讲解，因此使用的数据依旧是固定的历史数据，但是我们可以先行得出一个比较简单的结论：

从 N 型波动的数量上来说，在价格上升的趋势行情当中，上涨 N 型波动的数量会比较多，而下跌 N 型波动的数量会比较少；在价格下降的趋势行情中，下跌 N 型波动的数量会比较多，而上涨 N 型波动的数量会比较少。

不过这个结论对读者进行真实交易并没有太大的帮助，因为在实际交易的情况下，我们是先有了非常多数量的上涨 N 型波动才会进一步存在价格上升的趋势行情，而也正是存在着帮助价格不断上升的趋势动力，才会有更多数量的上涨 N 型波动。这其实是一个互为因果的关系，既然互为因果，我们在真实交易的过程当中自然需要找到更多的佐证才能够增加其成功的概率，不然，当已经出现多个上涨 N 型波动的时候，价格上升趋势可能已经结束。

单单根据一目均衡表的波动要素，笔者本身在进行交易时会使用 N 型波动的突破确认形态进行交易，与其说是一种形态，不如将其定义成一个瞬间点，而这个瞬间点就决定了我们是否入场进行做多或做空的交易。在图 11.36 与图 11.37 中分别展示了上涨 N 型波动的突破确认形态与下跌 N 型波动的突破确认形态，图 11.36 中的左侧是价格原先的走势，当价格运动至前高处，受到前高的压力，如果突破即可做多，而图 11.37 中显示价格向下跌破前低的价格，则价格继续向下运动，我们就可做空。

图 11.36　上涨 N 型波动的暂停形态与完整形态

图 11.37　下跌 N 型波动的暂停形态与完整形态

同样使用图 11.33 中的历史数据，看一下在哪些价位我们是能够向上做多的。笔者在前高处都用虚线标注出来，示意在此处会有前高的压力，如果价格向上突破则代表会继续向上运动，我们便能够向上做多。但是在图 11.38 的震荡区

图 11.38　XAUSUD 2017 年 5 月 26 日至 2017 年 9 月 1 日 H4

间中发生了价格跌破了前低，按照笔者的方法，是不是应该向下做空了呢？

图 11.38 中已经标记出笔者在交易的过程当中可能会选择的一些高点突破进入做多的位置，有了入场的位置，我们能否知道出场的位置呢？在应用篇之后的章节当中会更加具体地介绍应用一目均衡表的方法，对开仓之后如何平仓、在哪里平仓也会在之后有更加详细的介绍。

总　结

普通投资者喜欢使用技术指标来判断价格之后的运动方向，而高级投资者则会使用形态分析来估计当前价格所在的位置以及将来价格可能会运动到的位置。从普通投资者进阶至高级投资者最难跨越的一步就是由技术指标的使用转变为以形态分析为主、技术指标为辅的交易信号体系，而形态分析当中最难的就是高低点的判断。由于形态当中还分各种不同级别的形态，这就涉及形态的分解，因此笔者在本章当中所述的高低点判断方法也只是抛砖引玉，读者可以根据自身实践的经验或一目均衡表的体系对笔者的方法进行优化、升级，也可以自创一套判定价格高低点的方法，但无论是选择优化还是另创，价格高低点的判定在投资者进阶的道路上是避无可避的，也因此希望进阶的读者朋友重视本章的内容以及背后的重要概念。

第十二章 酒田战法——"五个三法则"

为了本书叙述一目均衡表的完整性考虑，笔者将酒田战法的"五个三法则"加入到书中，但是无论是放在均衡理论当中还是放在图表构成的篇章当中都不适合，因此笔者将酒田战法加入至本书的应用篇当中。作为一种单纯基于蜡烛线识别的方法，酒田战法可以说也是自成体系，整个酒田战法中的交易战法有数十个法则，不过在一目均衡表的体系中只是加入了该方法当中的"五个三法则"，也就是"山川空兵法"，具体是指：三山、山川、三空、三兵与三法。此五种法则形成了能够被一目均衡表纳入体系的专门根据蜡烛线形态来判断信号的一个部分。

让我们先来认识一下酒田战法。其实蜡烛线在中国又被称为 K 线、烛线、阴阳线，在日本还有一个名字或许我们听到的次数相对来说会比较少一些，就是酒田线。酒田战法的原创者为本间宗久，他一生研究日本米市的行情波动，写有《本间宗久翁密录》与《三猿金泉秘录》。经过后人近三百年的精心研究，本间宗久的研究法则逐渐演变成了比较现代的酒田战法，酒田战法也以其创始人本间宗久的出生地——日本山形县酒田市而得名。

酒田战法是一套讲述蜡烛线交易方法的系统。其实在市场上有关蜡烛线的交易方法实在是琳琅满目，但多多少少都逃不脱酒田战法当中所述的各类方法。其实从蜡烛线的排列、组合来看，能够形成的形态组合无外乎就那么几十种，只不过对蜡烛线长度的衡量会需要每一位投资者的主观判定，蜡烛线究竟怎样算长、怎样算短，在每一位投资者眼中都不尽相同。单就蜡烛线的组合来说，现在的计算机技术是能够将这些组合快速且完全地罗列出来的，但是在蜡烛线的创始之初，能够总结出这样完备的交易技术就是一件非常不容易的事情了。

不过不管是酒田战法也好，还是一目均衡表也好，均出自于东方，融合了东方文化中平衡的理念，"山川空兵法"的名字也是极具形象意义的，下面笔者将分别对这"五个三法则"作详细介绍。

第一节 三山

酒田战法当中的三山（Sanzan，three mountains）一共分为两种形态。一为三尊型，一为两尊型。

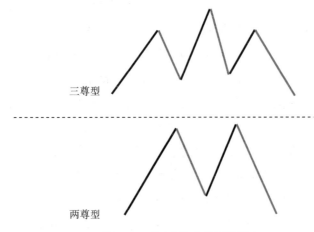

三尊型

两尊型

图 12.1 "三山"中的两种形态

在图 12.1 中上半部分的形态称为三尊型，中间部分较为突出，高于两侧，整个三尊型形态也被称为"头肩顶"。而在图 12.1 中下半部分的形态称为两尊型，在我们目前技术分析的形态学当中被称为"M 头"。不管是三尊型的"三山"还是两尊型的"三山"，都属于发出卖出信号的形态。

由于"三山"形态的形成需要花费相对较长的时间，从图 12.2 中可以看到，三尊型形态的形成花费了约 85 根蜡烛线周期。根据笔者多年的交易经验，一个形态的形成所花费的时间越长，则该形态之后所给出的信号成功率越大，能够看到在图 12.2 中 GBPCHF 价格向下跌破了三尊型形态的颈线位之后继续下跌，三尊型形态形成了一个短期的价格顶部。

非常典型的"三山"形态在真实行情运动中是比较难找到的，一是由于该形态形成周期比较长，在一个时间框架下要形成一个完整典型的"三山"形态，保守估计至少需要 20 根蜡烛线，因此在蜡烛线图中比较难发现非常标准的"三尊"

图 12.2　GBPCHF 2000 年 7 月 17 日至 2000 年 9 月 13 日 H4

与"两尊"的形态。

在中国武侠小说中经常会说到武功最高的境界就是无招胜有招，我认为在投资交易的过程中也是这样的。笔者见过很多投资者一直都在蜡烛线图中间找标准图形来进行匹配交易，并对这样枯燥的过程乐此不疲，问其原因，回答说书上写着这种走势图形出现之后行情会下跌，那种图形形成之后应该要做多，等等。但是不了解图形的意义，图形看得再多、记得再牢又有什么用呢？因此在我看来，了解标准走势形态所体现出来的市场背后的运动意义会更加重要，也能够对形成的不同图形做不同的理解与判断。

根据"三川"的标准形态及后期的操作手法来判断，其市场背后的意义就是在上涨趋势中，高点不断抬高的同时低点也不断抬高，当高点不再抬高时，就说明市场上涨力量变弱，前期低点的价位被跌破说明价格下跌的力量变强了，如果这样的形态在上涨趋势的顶部出现，就是时候可以开始做空了。之后的"三川""三空""三兵"与"三法"的应用也全部都适用于这样的方法。

第二节　三川

　　"三川"（Sansen，three rivers）形态与"三山"的形态正好相反，因为其形如同河流一般而得名。如果说"三山"是顶部形态的话，那么"三川"就是典型的底部确认。"三川"同样也分为两种，一种是"三川底"，现在我们称为"头肩底"，另一种是"两川底"，也就是我们现在俗称的"W底"，这两种底部形态同样都需要较长时间的确立（见图 12.3）。

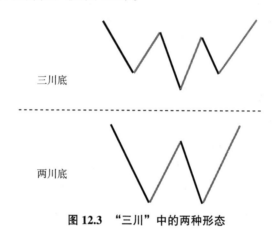

三川底

两川底

图 12.3　"三川"中的两种形态

　　既然三川与三山相对应，满足三山的法则也会满足三川，因此三川形态（无论是三川底还是两川底）也是形成的时间相当长，一旦形成，其准确程度是比较高的。

第三节　三兵

　　在酒田战法当中的"三兵"（Sanpei，three soldiers）指的就是三根蜡烛线。"三兵"分为"红三兵"与"黑三兵"。在笔者最初学习交易时就学习了移动平均

线的相互交叉与"三兵","三兵"在交易当中发挥的基础作用与重要程度就可想
而知了。

在图 12.4 中，左半部分，由连续三根阳线组成的蜡烛线形态组合是"红三
兵"；而右半部分，由连续三根阴线组成的蜡烛线形态组合是"黑三兵"。不过不
要被笔者所画的图形所迷惑，在酒田战法当中，"红三兵"与"黑三兵"并非一
定需要光头光脚的蜡烛线才能够实现，实际上酒田战法甚至没有强调"红三兵"
与"黑三兵"的蜡烛线长度，所以在现代蜡烛线的交易战法中对"红三兵"与
"黑三兵"有了更多的条件限制，比如说与"黑三兵"形态相似的"三只黑乌鸦"
形态，就需要三根阴线的长度逐渐变长。

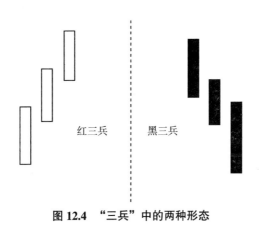

图 12.4 "三兵"中的两种形态

"红三兵"是市场行情上涨的信号，当"红三兵"出现在行情底部的时候，
说明价格底部可以确认，一轮上涨开始启动。

"黑三兵"是价格下跌的信号，正好与"红三兵"相反。如果价格连续上涨
之后出现了"黑三兵"的形态，说明市场价格可能即将要进入下跌趋势了。

有一点需要注意，"红三兵"与"黑三兵"在趋势行情进行的过程当中出现
几乎是没有什么意义的，甚至不是一个很好的加仓信号。这两个信号只有在价格
行进到底部区间或者是顶部区间才能够发挥其最好的作用。

在图 12.5 中显示的是价格在 1.5709 处形成"红三兵"形态，之后价格一路
上涨。

图 12.5　EURAUD 2018 年 2 月 21 日至 2018 年 3 月 21 日 H4

第四节　三空

　　"三空"（Sankoo，three spaces）指的是三次跳空，可分为跳空高开与跳空低开。跳空高开是指当前蜡烛线的开盘价较之前蜡烛线的实体高，并且形成当前蜡烛线实体与之前蜡烛线实体之间的价格空隙在之前蜡烛线的上方，见图 12.6 左侧。跳空低开则是指当前蜡烛线的开盘价较之前蜡烛线的实体低，并且形成当前蜡烛线实体与之前蜡烛线实体之间的价格空隙在之前蜡烛线的下方，见图 12.6 右侧。

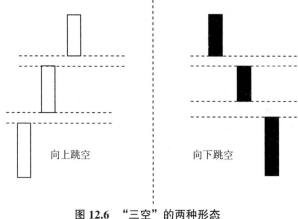

图 12.6　"三空"的两种形态

　　由于本书主要论述的是一目均衡表系统在外汇合约中的应用，根据外汇合约交易时间连续性的特点，除了经纪商在电子盘交易时间内进行清算时价格发生波动而产生的小幅跳空外，绝大多数时间里面是不可能有跳空这样的情况发生的，一般来说当前蜡烛线的收盘价就基本等于下一根蜡烛线的开盘价。

　　而酒田战法是本间宗久在酒田市进行米市交易时研究得出的心得总结，三百多年前日本米市不是 24 小时交易的，有跳空情况的发生实属正常，或许是因为当时的通信、经济、生产力落后，大型交易商与小型交易者在米市收市之后才得到一些会影响米价的信息，在第二个交易日一开始的时候就立马会有价格大幅变化的情况发生（向上跳空与向下跳空）。

　　笔者认为"三空"战法在外汇合约的交易当中并没有起到太大的作用，反而可能会让我们的注意力放在这个不是很重要的点上，因此在之后的讨论与模拟应用当中都不会加入"三空"这个战法，这样能够让我们更好地将注意力集中在一些更有用的部分上。

第五节　三法

　　在一目均衡表中所述的"三法"（Sanpo，three laws），实际上在酒田战法当中包含两个内容，一个是"上升三法"，一个是"下降三法"。可以先来看一下在酒田战法当中，上升三法与下降三法的形态分别是什么样子的，有哪些关键点是在酒田战法当中特别提到过的。

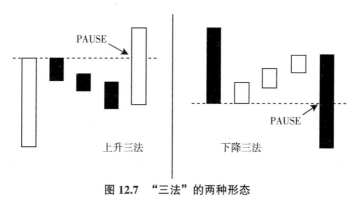

图 12.7　"三法"的两种形态

笔者为了使整个论述过程更加清晰流畅，会先对上升三法进行介绍。因为下降三法是上升三法的另一面，读者只需理解掌握上升三法的逻辑与原理，相信理解、应用下降三法并不是一件困难的事情。

如果你有读过上一篇均衡理论篇中的章节"波动要素"，则会感觉这上升三法有些眼熟。不管一目山人在设计整个一目均衡表的时候是否有这样的理念加入，笔者认为上升三法的形态与波动要素中的上涨 N 型波动十分相像。区别在于，笔者认为上涨 N 型波动是对波动形态做了一个属性定义，告诉我们某种形态的波动是上涨 N 型波动，是一种归纳波动形态特点的理论，而上升三法是一种实际操作过程中的交易方法，其中包括了买、卖与暂停的方法。

在图 12.8 中可以清晰地看到上升三法的形态，由最左侧的一根大阳线，中间的三根阴线（黑三兵）与最右侧的一根大阳线组成，需要注意的是，在图 12.8 的中间还有一根水平的虚线，这根虚线是笔者标注出来的，其位置位于最左侧大阳线的上方（也就是"黑三兵"的上方），这根虚线表示的是价格上行的压力。

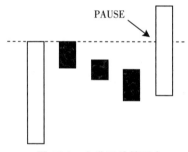

图 12.8　上升三法的形态

那么上升三法中的交易方法在价格形态中也就能够一一对应起来：最左侧的大阳线对应买，中间的"黑三兵"对应卖，右侧的大阳线配合着水平的虚线对应暂停。其中买和卖都比较好理解，从蜡烛线形态中可以直接判断出来这样的操作方法，但是暂停应该如何解释？其实如果按照酒田战法中的操作方法，"黑三兵"形态的出现，预示着价格会下跌，投资者理应是进行做空操作的，但是最右侧大阳线的出现，触碰到了前期的压力位，投资者需要注意的是这个形态能否成功地成为一根向上突破压力位的大阳线，因为在行情运行的过程中会出现如图 12.9 中的情况，酒田战法本身就是实战的交易方法，在出现图 12.9 这种情况时就是需要我们暂停的时候了。如果确认突破了，就可以做多买入，其实在确认突破的情况下已经形成了上涨 N 型波动。

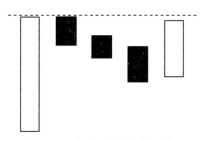

图 12.9　上升三法的暂停形态

　　因此，笔者认为上升三法中的暂停就是对压力位突破的一个确认。如果确认价格成功向上突破了压力位，则应该买入做多。那么我们在实际的价格走势图中是否真的能够找到这样的情况并且有效呢？笔者在外汇合约的走势图中很难发现完全符合上升三法的走势行情。

　　但是如果我将其变通一下，将上升三法中的买、卖、暂停并等待上涨突破压力位的操作方法归结成价格上涨、回调、等待确认突破的形态，在走势图中会找到很多类似的例子（见图 12.10）。在图 12.10 中就能够看到价格上涨、回调，然后向上突破前期高点之后继续上行的例子。

图 12.10　GBPCHF 2003 年 8 月 3 日至 2003 年 9 月 2 日 H4

　　上文中笔者介绍了上升三法的情况，如果还不是很清楚的话，可以重新翻到本书前面去，再重新看一遍上升三法的判断及使用方法。作为与上升三法相反的下降三法，不管是形态的判断还是实际的投资操盘手法都是相反的。

在图 12.11 中可以看到，下降三法的形态是下跌、反弹与下跌跌破支撑位，具体的操作方式是卖、买与暂停并等待跌破支撑位。与上升三法一样，在蜡烛线图中找一模一样的形态是十分困难的，但是如果根据下跌、反弹与下跌跌破支撑位的概念在图表中找类似的走势，也能够找到对投资者有用的图形，例如图 12.12 中的走势。

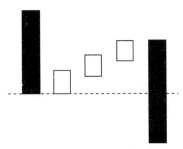

图 12.11 下降三法的形态

图 12.12 GBPCHF 2004 年 3 月 26 日至 2004 年 4 月 27 日 H4

总 结

酒田战法是一个独立的、有关于蜡烛线的交易方法，但是一目均衡表的交易体系单单将酒田战法中的山川空兵法列为体系中的一部分，一定会有某些重要原因。在应用篇之后有关复盘的章节中，笔者会将一目均衡表的体系完整地复盘展示给各位读者，方便读者能够了解该交易体系的使用方法并融会贯通。

在本章当中一共介绍了山川空兵法五种战法，除"三空"战法在外汇合约市场中难以使用之外，其他四种战法根据其特性都可以在外汇合约市场中直接应用。

"三山"与"三川"战法相互对应，分别是走势的顶部形态操作法与底部形态操作法。"三山"形态是趋势的顶部，表示价格向上的趋势由强逐渐转弱以至于调头向下的形态，应当做空；"三川"形态是价格趋势的底部，表示价格向下的趋势由强逐渐变弱，导致价格上涨的形态，应当入场做多。

"三兵"分为"红三兵"与"黑三兵"，两种"三兵"战法相互对应，操作分别为做多与做空，代表着价格历经下跌后，上涨的力量不断增强；与价格持续上涨一段时间后，下跌的力量不断增强。

"三法"分为上升三法与下降三法，相互对应，操作分别为向上突破做多与向下跌破做空。

在本书中，为了完整地说明一目均衡表的交易体系，因此在本章当中只是单独介绍了"五三战法"的使用方法，并没有完整地介绍酒田战法的使用方法，在国内有一本完整介绍酒田战法的书，读者有兴趣可以翻阅一下由周翔所著的《酒田战法》，该书与笔者本章所描述的酒田战法略有出入，希望投资者能够凭自己的投资经验与对市场的理解进行实盘操作使用。

第十三章　使用一目均衡表进行模拟复盘

之前的篇章当中，笔者已经介绍了一目均衡表交易体系的图表组成部分的使用情况、均衡理论的组成部分以及"五三战法"，但是在介绍上述内容时，都是单独介绍某个指标或者某个交易方法的使用情况，并没有将整个交易体系结合在一起进行介绍，因此有些读者在读至本章时依旧不会将一目均衡表的交易系统运用到自己的交易当中来。

由于一目均衡表的迟行线与未来云有向左与向右的平移，因此使用一目均衡表进行复盘一直是笔者认为比较困难的部分。投资者在历史数据图表中能够直接从历史价格中对比出来的多空信号只有转折线信号、基准线信号与现在云信号，历史价格对应的迟行线信号与未来云信号在历史图表中很难看出信号与价格之间的关系，因为历史图表中的价格与其对应的迟行线和未来云图形与信号有左右的平移，能够从图表中比较直观地看出这样的情况。

因此，直接从一目均衡表的历史图形当中来观察迟行线与未来云对走势的影响有一定的难度。在本书中，笔者会使用 EURUSD 合约的价格应用在 4 小时时间框架上对其进行一步步的使用分析，在整个分析过程中，笔者会保持图表时间周期的连续性展示，展示的时间周期从 2017 年 1 月 1 日开始。

笔者的复盘方式是一目均衡表交易体系当中最简单且最基础的，所有入场出场的交易都是根据图表的数据进行的，不依靠其他任何的信息作为支撑。因此本章所述的复盘方式并不完全适用于普通投资者，但是我希望通过这种介绍方法能够让读者对一目均衡表有个更加深入的认识并能够掌握其使用方法，并且对这个交易方法发展出自己独到而有效的使用方法。

第一节　一目均衡表交易体系的归类

每一个完整交易体系使用时最困难的地方就是如何将该交易系统中如此多而复杂的构成部分结合起来使用。在一目均衡表交易体系当中，有图表构成部分、均衡理论部分与"五三战法"这三个非常重要的组成部分，如果投资者一股脑地将这三个组成部分不分彼此、不分主次地运用到平时的交易中去的话，先不论最后的结果如何，相信在一开始已经被这复杂的系统给绕晕了，至少笔者有这种切身的感受。

那开始正式地复盘之前，我要先将本书前面已经介绍过的一目均衡表中的共八块内容进行分类，这八块内容包括图表构成、均衡理论与"五三战法"，分别是转折线、基准线、迟行线、均衡云、波动要素、波幅要素、时间要素与"五三战法"。

这八个模块按照适用的时间周期与使用的目的不同进行分类，但是这样的分类不全部会在本章模拟复盘当中用到，只是给读者在之后使用一目均衡表的过程中有一个参考，方便读者能够更好地理解笔者复盘当中所使用的一些基本逻辑。

一、适用的时间周期

就一般的技术指标而言，都会有一个适用的时间周期，比如在上文中提到过的顾比均线，在其中又将均线分成两个均线组，一个是短期均线组，一个是长期均线组，分别代表着不同类型投资者的持仓情况。在一目均衡表的交易系统当中，笔者将八块组成部分根据是否适用时间周期分类与所适用的时间周期长度对八个模块进行一个归类（在同一个时间框架下面进行归类，不涉及跨时间框架的判定）。

适用于短时间周期的有转折线、迟行线与"五三战法"；

适用于长时间周期的有基准线、均衡云、波幅要素与"五三战法"；

不适用于根据时间周期分类使用的有波动要素、时间要素。

读者对图表构成中四个部分的归类一般不会有太多疑问，因为一目均衡表图表参数的设置问题，转折线相较基准线周期更短，因此转折线是短时间周期，而基准线是长时间周期。而同样作为一目均衡表中有过图表平移的指标，迟行线相较于均衡云的计算周期更短，因此迟行线分类为短时间周期，均衡云分类为长时间周期。

由于"五三战法"包含不同的战法，因此既能够在短时间周期中使用，又能够在长时间周期中使用。其中"三山"与"三空"由于形成的时间较长，一般在同一时间框架中，形成"三山"或者"三川"形态需要至少数十个周期，形成之后信号准确度较高，适用于长时间周期；"三兵"与"三法"形成时间短，"三兵"形态的形成三根蜡烛线，"三法"形态的形成一般在 10 根蜡烛线以内，适宜在短时间周期使用。

波幅要素与时间要素在均衡理论当中同属于预测型理论，即对将来的价格走势进行一个预测，波幅要素是预测将要达到的某个价格，而时间要素是预测在某个时间点有可能发生价格趋势的反转。

对于波动要素的归类，笔者认为：波动要素在均衡理论当中偏向于判定型理论，即对蜡烛图或价格走势图的形态进行判定，波动要素当中有 I 型波动、V 型波动、N 型波动、P 型波动与 Y 型波动。这些波动形态只有当价格形态走完了之后才能够对其进行形态上的判定，波动要素的判定功能是在市场价格发生波动之后才能够产生作用。当然波动要素另一个预测属性是能够帮助投资者找到形态的上部区间与下部区间，并在上部区间做空，在下部区间做多。但是形态的预测可大可小，小周期的形态可能只需要几根蜡烛线便能够形成，大周期的形态则需要上百根蜡烛线才能够形成，在图 13.1 中，从 A 点至 B 点完成一个完整的 P 型波动共花费了 84 根蜡烛线的周期，可以说经历的时间周期是属于比较长的，而这个 P 型波动是由无数个仅有数根蜡烛线所组成的 V 型波动、N 型波动结合而成，因此无法将波动要素归类适用于短周期使用或长周期使用。

二、根据使用的目的与意义分类

在技术指标当中有一个叫抛物线指标，当然这个指标名称是根据该指标的计算原理与线形特征总结出来的，但是这个指标还有一个比较长的名字——"停损转向指标"（SAR，Stop and Reverse）。使用这个指标的时候会有一个比较清晰的目的，就是当价格处于上涨趋势时，如果向下跌破 SAR 指标的时候就应该止损，换句话说，当投资者持有多头仓位，价格向下跌破 SAR 指标的时候应该止损，如果持有空头仓位，价格向上突破 SAR 指标的时候同样应该止损。简而言之，使用这个指标最大的功能就是用作止损（见图 13.2）。那么在一目均衡表交易体系当中是否也能够将八个模块按照不同的用途来进行分类呢？

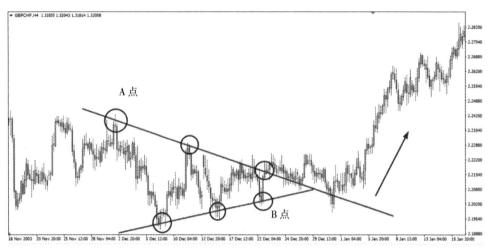

图 13.1　GBPCHF 2003 年 11 月 18 日至 2004 年 1 月 15 日 H4

图 13.2　GBPCHF 2004 年 2 月 10 日至 2004 年 2 月 25 日 H4

　　因为每一个指标是一种算法的集合，可能同样的一种算法，在不同投资风格的投资者使用下，其意义就会完全不同，因此根据不同的用途对它们进行分类有一定的难度。对于一般的投资者来说，趋势追踪的策略会更加难以掌握，但是掌握好了之后，能够在风险可控的情况下获取较高的回报。

在根据使用目的进行分类之前，我们需要先知道投资者能够进行哪些基本的交易操作。在交易市场中的进场操作简单来说可以分为两种，现时交易与挂单交易，现时交易比较简单，在市价买入合约做多，或者市价卖出合约做空；挂单交易会稍微复杂一些，如果按照当前的市价来说，挂单交易一共有四种类型，分别是买入限价、卖出限价、买入止损与卖出止损。市场当中的离场操作分别是止盈、止损与平仓（关闭持仓）。为了让读者将注意力更多地聚焦在一目均衡表交易体系上，本书仅对八个模块进行四种操作的相关性分类，分别是买入合约进场做多、卖出合约进场做空、止盈离场与止损离场。笔者在后期有关优化交易系统的书籍当中会详细介绍挂单交易在市场中的应用。

（1）买入合约进场做多：转折线、基准线、迟行线、现在均衡云、未来均衡云、"三川"、"红三兵"、上升三法；

（2）卖出合约进场做空：转折线、基准线、迟行线、现在均衡云、未来均衡云、"三山"、"黑三兵"、下降三法；

（3）止盈离场：波幅要素、迟行线；

（4）止损离场：基准线、现在均衡云。

第二节　复盘策略的概述

在上一节中说到，本章的复盘会使用趋势追踪策略，笔者会限定一个基本的策略逻辑以帮助读者在阅读之后的复盘过程时不至于感觉混乱，也能够更好地感受一目均衡表的效用所在。在使用一目均衡表本身自带的工具之外，笔者同时也会使用本书第十一章中所述的如何使用一目均衡表判断高低点的方法来进行高低点的判定。

（1）不进场区域：当价格位于现在均衡云里面的时候，不管发出什么信号都不进行交易；

（2）进场做多条件：价格位于转折线、基准线、现在均衡云的上方，迟行线位于蜡烛线上方，未来均衡云为多头时，选择合适时机进场做多；

（3）进场做空条件：价格位于转折线、基准线、现在均衡云的下方，迟行线位于蜡烛线下方，未来均衡云为空头时，选择合适时机进场做空；

（4）做多加仓：价格突破前高 A；

（5）做空加仓：价格突破前低 A。

笔者只是用非常机械化的策略在单一时间周期中对固定产品进行图表上的分析，并不涉及对其他指标或者国际局势的分析，因此该复盘策略与结果仅用于帮助读者更好地理解一目均衡表的交易体系，如果读者没有非常丰富的交易经验，可以仔细阅读本章。

第三节　模拟复盘

图 13.3 是一张 2017 年 1 月第一根 4 小时蜡烛线生成之后的蜡烛线图，图表加载了软件 MT4 自带的一目均衡表指标，之后笔者会一步步地对"新出现"的蜡烛线进行分析并研究该如何使用一目均衡表交易系统结合各种技术分析方法在图表中进行交易。

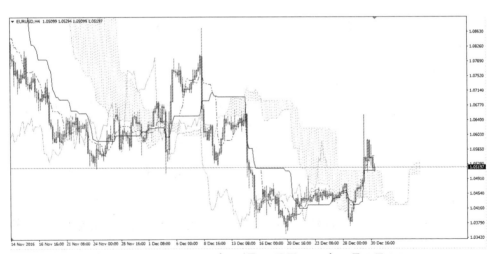

图 13.3　EURUSD 2016 年 11 月 14 日至 2017 年 1 月 2 日 H4

图 13.4 与图 13.3 所截取的时间相同，但是在图 13.3 中，笔者加载了高低点

的指标，读者能够从本书的附录 3 中阅读到该指标在 MQL4 中的源码，或者可以登录网站 http：//www.iforexbrainy.com/直接找到源码文件进行加载使用。

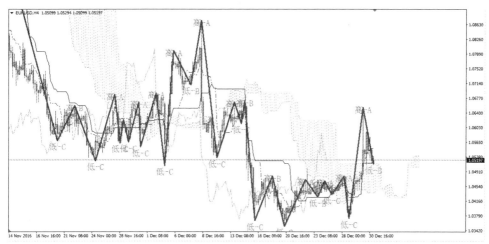

图 13.4　EURUSD 2016 年 11 月 14 日至 2017 年 1 月 2 日 H4

从图 13.4 中可以看到，目前的价格处于低—B 的位置，但是未来云是多头，价格在转折线的下方，虽然能够看到在前低—C 的位置开始有"红三兵"形态出现，但是"红三兵"形态的分类是属于短周期的分类，因此其有效性已经大打折扣，目前的价格不进场，需要等待价格给出更加明确的信号再进场。

图 13.5　EURUSD 2016 年 12 月 9 日至 2017 年 1 月 3 日 H4

在图 13.5 中可以看到，转折线下穿基准线，未来云变为空头，但是目前的蜡烛线连续完成了两根阳线，看起来似乎是受到了现在均衡云的支撑而反弹，甚至有某些分析师看到了这样的图形会画出如图 13.6 中的趋势线以示价格已经获得了支撑，投资者能够进场做多了，但是如果读者仔细阅读了本书第十一章，就能够非常清楚地判别出目前的价格依旧处于低点的位置。

图 13.6　EURUSD 2016 年 12 月 9 日至 2017 年 1 月 3 日 H4

注意，我们所使用的趋势追踪策略不会在低点的位置开始做多。

随着新的蜡烛线的形成，能够看到在图 13.6 中蜡烛线获得的支撑是短暂而不可持续的，价格是继续向下跌破了现在均衡云，有 130 个点左右的跌幅。在图 13.7 中能够看到笔者在 1.038 这个价位画了一根水平线以示支撑位，在 A 点、B 点与 C 点三处分别形成了"红三兵"的形态，因此激进的投资者可以在 C 点的位置进场，将止损设置于前低，根据自己的交易习惯进行止盈的设置。虽然笔者不推荐这样去做，但是在这样的反弹行情当中，笔者会将盈亏比设置成 1∶1，确保自己不会去承担与盈利不相符的过大的风险（见图 13.8）。

如果单看图 13.8，按照笔者趋势追踪的策略，在这样的形态下看似多头力量非常强劲，但是未来云是空头，且目前的上涨斜率已经非常大，但是迟行线按照目前的斜率继续上行约 2 根蜡烛线的位置，便会触碰到之前蜡烛线所在的位置（见图 13.9），这说明目前的价格上涨动能依然不是特别强，且中期的价格走势仍旧会有一定的震荡。

图 13.7　EURUSD 2016 年 12 月 12 日至 2017 年 1 月 5 日 H4

图 13.8　EURUSD 2016 年 12 月 12 日至 2017 年 1 月 5 日 H4

图 13.9　EURUSD 2016 年 12 月 12 日至 2017 年 1 月 5 日 H4

　　时间继续推移至 2017 年 1 月 6 日 8:00，4 小时蜡烛线形成之后，能够在图 13.10 中看到价格位于转折线、基准线、现在均衡云的上方，未来均衡云处于多头的状态，迟行线也位于蜡烛线的上方，是否能够做多了呢？笔者已经在图 13.10 中标注出来关键点，迟行线与蜡烛线的距离不够远，而且能够看到被标注出来的位置当中，原本的阳线几乎被一根阴线全部吞没，意味着此处的压力较大，仍需耐心等待。

图 13.10　EURUSD 2016 年 12 月 14 日至 2017 年 1 月 6 日 H4

在图 13.11 中我们看到形成了一个小的"红三兵"形态，价格又是在转折线、基准线、现在均衡云的上方，未来均衡云也呈现一个多头的状态，同时看到迟行线也是在蜡烛线上方，虽然有其他蜡烛线位于迟行线与现时蜡烛线的中间，但是这样的状态已经让我们有足够的理由能够进场做多了。根据高低点的判定指标，一般来说，第一个入场点我们会选择最近的一个低—C 进行止损（见图 13.12）。

图 13.11　EURUSD 2016 年 11 月 21 日至 2017 年 1 月 9 日 H4

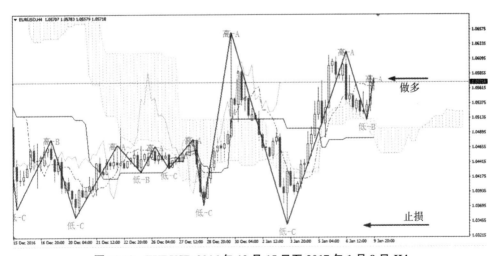

图 13.12　EURUSD 2016 年 12 月 15 日至 2017 年 1 月 9 日 H4

　　有些投资者习惯于设置止损的同时设置止盈，这样的策略在初始进场的时候至少制定一个盈亏比相等的止盈位，在图 13.12 中可以看到入场做多点设置在 1.057，止损点设置在 1.034，止损 0.023，那么止盈至少为 0.023，止盈位设置在 1.080。

　　如果根据波幅要素的计算，在图 13.13 中我们可以看到波幅要素中的 A 点、B 点与 C 点，它们的值分别是 1.034、1.062 与 1.051。既然 A、B、C 三点的值都已经知道了，我们就能够估算出 D 点的位置并对我们止盈位的设置有一个参考。V 型波幅计算得出 D 点位置为 1.073；N 型波幅计算得出 D 点位置为 1.079；E 型波幅计算得出 D 点位置为 1.090；NT 型波幅计算得出 D 点位置为 1.068。笔者初步设置的止盈位是处于波幅要素计算当中的一个值，从单笔交易的盈亏比上来说也是比较恰当的。

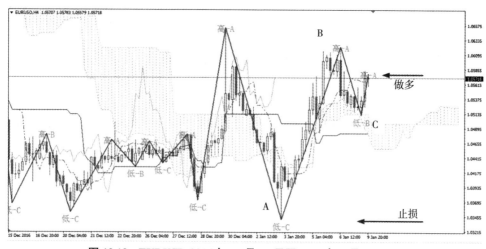

图 13.13　EURUSD 2016 年 12 月 15 日至 2017 年 1 月 9 日 H4

　　经过 2 根蜡烛线之后，价格向上突破了前高—A，在突破前高—A 处进场做多，止损位设置在前低—C，进场点为 1.062（见图 13.14）。目前我们的持仓情况见表 13.1。

图 13.14　EURUSD 2016 年 12 月 15 日至 2017 年 1 月 10 日 H4

表 13.1　持仓情况

持仓方向	持仓品种	进场价位	止损价位
多	EURUSD	1.057	1.034
多	EURUSD	1.062	1.034

　　笔者在介绍趋势判定时已经详细介绍过，上涨趋势的特点就是在高点不断抬高的同时低点也不断抬高，下跌趋势就是在低点不断降低的同时高点也不断降低。因此，在本章进行复盘的时候都会加载我自定义的高低点指标对高低点进行判定，并且在适合的情况下进行高低点的突破入场。

　　在实际操作当中，价格会有不稳定的上下波动，可能是由于事件引起或是由于蜡烛线图上的一些关键的压力位或者支撑位引起的价格上的不稳定的变化，那么这样的变化笔者称之为噪声。在图 13.15 中我们就能够看到圆圈中的蜡烛线向下跌破了现在均衡云，在上文中笔者也有将现在均衡云分类至止损操作中，那我们是否在价格跌破现在均衡云之后就直接止损呢？笔者认为需要看投资者所使用的策略是什么类型的。例如笔者所使用的判断趋势类的策略，在前期有较大角度的上涨时，有可能会发生比较大的回撤，因此笔者在这个位置是按照噪声来处理，不做任何动作。如果有投资者在这个位置进行止损也不能算是错误，但是即便是止损了，在止损之后的第二根蜡烛线又形成了"红三兵"的形态，能够看到价格又一次地站上转折线与基准线的上方，上涨力量依旧强劲，做多位置为

1.05836，止损则设置在前—C 位置 1.0450。而当新的前低—C 出现的时候，可以将前期的止损位移动至新的前低—C 位。

或许会有读者说是不是"红三兵"形态在任何位置形成都能够给出做多的信号呢？只有当价格下跌到一定程度，"红三兵"形态发生在价格下降的底部的时候才会是真正发出上涨信号的"红三兵"。在图 13.15 中可能看得并不是特别清楚，笔者将高低点指标加载进去之后就能够看得更加清楚（见图 13.16），在图 13.16 中可以看到笔者所标注的三个圆圈，中间的圆圈代表了受到现在云的支撑，

图 13.15 EURUSD 2016 年 12 月 19 日至 2017 年 1 月 12 日 H4

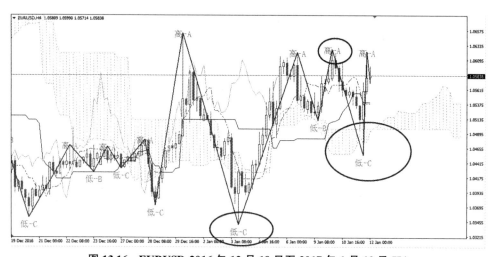

图 13.16 EURUSD 2016 年 12 月 19 日至 2017 年 1 月 12 日 H4

最下面的小圆圈代表了最近这个低—C 前面的一个低—C，也就是这一段上涨的起始位置，最上面的小圆圈代表了这段上涨当中最近的一个高—A。这样就能够看出这个"红三兵"的出现从技术分析的角度上来看并不是一个巧合，它受到了现在云与上涨之后 50%回撤位左右的位置的支撑，因此满足"红三兵"的信号要求。

当前所有持仓情况见表 13.2。

表 13.2　持仓情况

持仓方向	持仓品种	进场价位	止损价位
多	EURUSD	1.057	1.045
多	EURUSD	1.062	1.045
多	EURUSD	1.05836	1.045

在"红三兵"形态出现之后蜡烛线一路上冲，再一次向上突破前高—A，在突破点的位置进场做多，进场做多的价位是 1.0627，止损设置在最近的低—C，也就是在 1.045 的位置设置止损，见图 13.17 与图 13.18，图 13.17 是加载了高低点指标的示意图。目前手中的持仓见表 13.3。

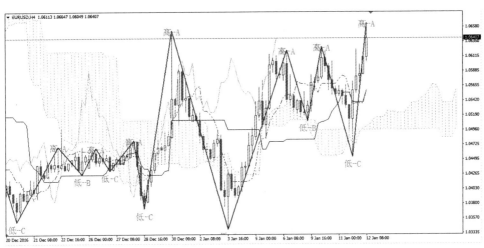

图 13.17　EURUSD 2016 年 12 月 20 日至 2017 年 1 月 12 日 H4

图 13.18 EURUSD 2016 年 12 月 20 日至 2017 年 1 月 12 日 H4

表 13.3 持仓情况

持仓方向	持仓品种	进场价位	止损价位
多	EURUSD	1.057	1.045
多	EURUSD	1.062	1.045
多	EURUSD	1.05836	1.045
多	EURUSD	1.0627	1.045

从表 13.3 中可以看到，我们目前手中已经持有了 4 张多头订单，进场的逻辑也是非常清晰的，满足了一目均衡表的转折线、基准线、迟行线、未来云的多头信号要求，并且通过高点突破与"红三兵"形态的确认进场。

我想在这个时候可能需要将进度推得快一点，因为在趋势的行情当中很多形态都是非常相似或是相近的。在图 13.19 中可以看到箭头所指的这个位置突破了前期的高—A 点，因此可以进场做多。但是在最近这个蜡烛线组合上出现了一个"红三兵"的形态，这个形态出现之后我们是否需要做多呢？依旧看个人的策略是如何布置的，不过笔者并不会在这个位置进行做多。第一，是"红三兵"出现的点离这轮上涨的起始点，也就是 2017 年 1 月 3 日 16：00 的这根蜡烛线已经过去了 73 根蜡烛线，说明上涨已经启动了一段时间，"红三兵"形态的再次出现可能会有更多的内涵，这就看每位投资者自己的理解了；第二，也是我觉得更加重要的就是交易策略的真实应用除了需要交易信号的判断之外更应该建立在资金管理上，算上最近一张多头订单的进场，目前我们手中已经有了 5 张多头订单，因此在这之后我们可以不再加仓，或者只有在突破最近高—A 的位置时才进行加仓操作。

图 13.19 EURUSD 2016 年 12 月 27 日至 2017 年 1 月 20 日 H4

当图 13.19 中的这个"红三兵"形态出现之后，实际上是在形成一个高—A 的同时确定了一个低—C 的存在（见图 13.20），因此我们目前手中的 5 张多头订单都将止损点移动至新的止损点 1.0589。

图 13.20 EURUSD 2016 年 12 月 27 日至 2017 年 1 月 20 日 H4

我们目前手中的持仓见表 13.4。

表 13.4　持仓情况

持仓方向	持仓品种	进场价位	止损价位
多	EURUSD	1.057	1.0589
多	EURUSD	1.062	1.0589
多	EURUSD	1.05836	1.0589
多	EURUSD	1.0627	1.0589
多	EURUSD	1.0685	1.0589

图 13.19 中的"红三兵"形态的形成所发出的信号不足以让笔者进场做多，但是在"红三兵"形态形成之后的数根蜡烛线表现出非常强的上涨动能，在短短几根蜡烛线内就向上突破了前期的高—A（见图 13.21），因此笔者选择在突破点 1.0718 进场做多，止损点设置在前低—C，也就是"红三兵"形态所形成的低点 1.0589 处。

图 13.21　EURUSD 2016 年 12 月 28 日至 2017 年 1 月 23 日

可以很清楚地看到，从 2017 年 1 月 3 日开始的上涨都是非常完整的上涨 N 型波动，在向上突破前高的时候其实也就是上涨 N 型波动正在形成的时候。上涨 N 型波动的相互叠加，导致了在上涨过程中的低点也在不断抬高，截至 2017 年 1 月 23 日，在这轮上涨当中，一共出现过 3 个低—C，而高—A 出现的次数会更多一些，结合笔者所使用的高低点判定指标可以判断出趋势的走向（见图 13.22），我们从图中能够发现上涨时高点抬升的速率小，低点抬升的速率大，是一个向上的 P 型波动，也就是收敛波动。当价格不断地收敛之后就会开始转变方向，有可能向上也有可能向下，在图中高低点的趋势线就是非常重要的压力位与支撑位了。如果之后价格向上突破，说明价格很可能来到了一个新的上涨趋势当中，如果向下跌破了支撑位则代表着之后价格向下的可能性会非常大。

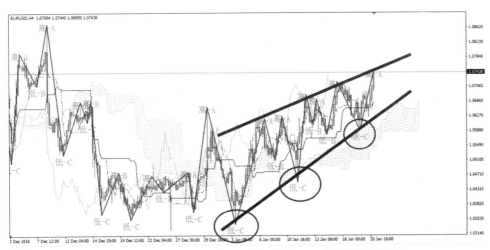

图 13.22　EURUSD 2016 年 12 月 2 日至 2017 年 1 月 20 日 H4

2017 年 1 月 26 日 12:00 的一根 4 小时蜡烛线向下跌破了支撑位（见图 13.23）。有读者会问，我们是否在这个点位出场？其实很多投资者在刚开始学习交易的时候也会有这样的疑惑，明明跌破支撑位了，但是为什么多单不离场？还

图 13.23　EURUSD 2016 年 12 月 9 日至 2017 年 1 月 26 日 H4

在等什么呢？跌破支撑位难道不意味着应该要止损了吗？

在这里我先要纠正很多投资者一个非常错误的观念，支撑位或者压力位不代表是进场位或者是止损位。如果价格对这样一个重要的位置进行突破，意味着我们收到了警告，市场告诉我们价格非常有可能会发生方向上的变化，这里的价格变化分为两种，一种是从某一个方向直接转变为另一个方向，而另一种则是从某一个方向转变为价格震荡或是从价格震荡趋向某单一方向，但是是否真的会发生变化，笔者认为还是要关注三点。

1. 跌破之后继续运行的距离

很多投资者会一跌破支撑位就立马止损，但是市场的波动是千变万化的，而且趋势当中同样会有很多噪声影响投资者的判断。但是如果价格向下跌破了非常长的一段距离，我们基本上能够判定原先的趋势已经结束了，我们要做的就是把原有的持仓全部清空，等待下一轮新的价格趋势到来。在图13.23的例子当中，跌破支撑位之后又向下2个ATR左右的距离就能够止损了。在2017年1月26日12:00位置在4小时周期当中的默认ATR值为0.0029，跌破的价位是1.0700，那么可以计算得出止损价位是1.0642。

这种通过偏离趋势线的距离来进行止损是最直观、有效的，同时也是最常用的，特别是当价格一下子下穿趋势线的时候，如果不设置这样的止损的话，会非常容易将损失扩大到难以挽回的地步。

2. 跌破之后处于趋势线下方的时间

价格如果长时间处于原本趋势的趋势线的下方，即使没有达到2倍ATR的距离，也应该将原有的头寸平仓离场。但是具体超过多少时间需要离场就要根据原有的趋势维持了多久以及投资者所使用的交易策略来进行判断了。笔者建议是1/3个原有趋势的周期之内，在图13.23的例子当中，整个上涨趋势使用了约90根蜡烛线周期左右，那么当价格处于原本趋势线下方接近30根蜡烛线周期的时候，即便没有达到ATR距离的离场点，也应该将持有仓位平仓离场。

3. 跌破之后的蜡烛线形态

所有关于形态的表述都不如亲眼看过形态的形成。在图13.23之后的数根蜡烛线当中价格发生了上涨，并且触及到原本的趋势线，但是立马又调头向下，形成了"黑三兵"的形态（见图13.24），可见原来的趋势的支撑位在被跌破之后转变成了新价格方向的阻力位，因此笔者会选择在1.0745左右的位置将所有持仓清空离场。

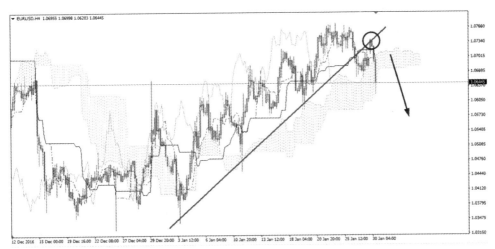

图 13.24 EURUSD 2016 年 12 月 12 日至 2017 年 1 月 30 日 H4

根据上文复盘的情况，截至清仓离场，我们所持有的多单情况如表 13.5 所示。

表 13.5 多单情况

持仓方向	持仓品种	进场价位	止损价位	离场位置
多	EURUSD	1.057	1.0589	1.0745
多	EURUSD	1.062	1.0589	1.0745
多	EURUSD	1.05836	1.0589	1.0745
多	EURUSD	1.0627	1.0589	1.0745
多	EURUSD	1.0685	1.0589	1.0745
多	EURUSD	1.0718	1.0589	1.0745

为了便于计算，假设在本章所有模拟复盘中，每笔成交订单的手数均相等，我们可以通过表 13.5 计算我们在 1.0745 点位离场的盈亏情况。经计算，共盈利 0.06664，也就是 6664 个点子。这样的收益放在一个最低点至最高点近 4350 个点子的趋势里面属于比较可观的。

如果我们晚一点平仓，在 1.0645 的位置离场，是否就会亏损呢？在这种情况下，仅盈利 0.00664，即 664 个点子。如果 1.0645 的位置离场，最后 2 张进场的多单是处于亏损状态的。因此，在趋势当中，控制好手上持有仓位也是非常重要的，不然极有可能会让到手的利润白白地溜走。

多头仓位的平仓并不意味着我们需要即刻进入空头仓位。我们可以看图 13.25，该图展示了复盘多头离场之后一段时间的价格走势，并且在图中将 2017 年 1 月 3 日起的上涨趋势中的"黑三兵"形态全部用方框标记出来。可以看到，在上涨趋势当中，"黑三兵"的形态出现得比较少，但是在我们多头持仓离场的那一段时间里面，频繁出现了"黑三兵"的形态，可以说是市场给投资者一个提醒："价格正在转弱，请小心行事。"

图 13.25　EURUSD 2016 年 12 月 15 日至 2017 年 2 月 2 日 H4

因此，在未确定价格真正的方向之前，笔者建议投资者要耐心等待，有时候等待是我们最好的朋友哦！而且在图 13.25 中可以看到，原先上涨趋势的下边界经过延长之后，其所在的位置正好是在之后蜡烛线的上方，在该下边界的上方没有形成像样的实体阳线，可见价格的上涨趋势确实在这段时间里面是非常弱的。

虽然很多人认为交易是一件极具艺术性的事情，他们追求感觉，讲究灵光一现，但是我相信交易除了需要对事情进行定性，更加需要定量化的判断来帮助我们进行交易。虽然我们从肉眼看来价格是不断创出新高，可是当趋势线加载进图表之后就明显看出价格的新高虽然不断地被刷新，价格上涨的速率逐渐变慢，还表现出空头变强的迹象（"黑三兵"形态出现的频率增加）。

从图 13.26 中能够看到，价格在达到新高之后就开始下跌，并且跌破了现在均衡云，从图 13.26 中可以看到跌破现在均衡云的价格呈现出"黑三兵"的形态。在 2017 年 2 月 7 日 20：00 的时候，价格低于转折线与基准线，未来均衡云呈空头状态，迟行线位于蜡烛线的下方，且距离蜡烛线的距离也比较远，属于空头趋势比较强的情况。因此可以在市场价的位置进行做空操作，做空价位是1.0682，止损价位是最近的一个高—A位置，因此止损价是1.0789。

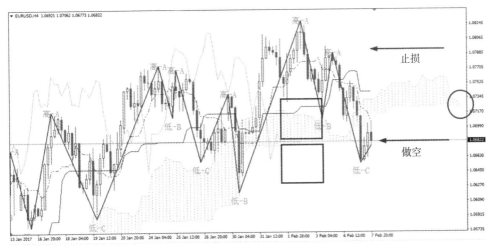

图13.26 EURUSD 2017年1月13日至2017年2月7日H4

在2017年2月7日判定价格走势为空头并且空单进场之后，就应该找机会不断地进场做空，当然还需要小心市场给我们价格走势反转的信号。在图13.27中看到价格在一个小幅反弹，创造出一个高—B之后立马急转直下，向下突破前低—C，在向下突破的点位进行做空，做空价位是1.0642，止损价位是1.0789。

图13.27 EURUSD 2017年1月18日至2017年2月10日H4

我们连接前高—A、前高—C 与前高—B，就是一个完整的下跌 N 型波动，由此我们可以根据 3 个点的价位与波幅要素的计算方法，得出下跌的目标点位。

经计算，V 型波幅计算得出的价格下跌目标位是 1.0576；N 型波幅计算得出的下跌目标位是 1.0561；E 型波幅计算得出的下跌目标位是 1.0495；NT 型波幅计算得出的下跌目标位是 1.0627。

其实笔者平时最喜欢使用的有两个波幅类型：一个是 N 型波幅；另一个是 E 型波幅。因为根据笔者的经验来看，N 型波幅达到的概率会比较大，成功率会比较高。在本章复盘当中，笔者会同时使用 E 型波幅作为一个非常重要的参考。在波幅要素这一章当中已经论述过，E 型波幅是幅度最大的一种波幅，在价格趋势开始运行的过程中，很可能中间不会出现太多的回撤或者是反弹，即意味着价格没有机会产生高低点，波幅要素的计算公式就无从下手，因此笔者会将 E 型波幅这个最大的波幅作为价格顶部的一个参考，同时 E 型波幅也满足单笔订单盈亏比相同的要求。

因此，如果在这之后，价格在中途没有经历反弹形成高点的情况，便直接到达了 1.0495 这个位置，我们就需要十分留意价格是否会发生比较大的反弹或者趋势的反转。现在我们手头上有两张空单，具体情况见表 13.6。

表 13.6　空单

持仓方向	持仓品种	进场价位	止损价位
空	EURUSD	1.0682	1.0789
空	EURUSD	1.0642	1.0789

图 13.28 中随着价格不断地下跌，没有经历任何像样的反弹（没有形成其他的高—B），在下跌至 1.0520 这个价位之后价格突然形成了"红三兵"形态，并且其底部是低—C，而顶部是高—A，这样的形态展示出来的价格上涨强度是比较惊人的。上文中已提过，笔者根据经验，会使用 N 型波幅与 E 型波幅作为价格波动幅度的参考。"红三兵"开始位置的价格已经远低于 N 型波幅的预测值，但是尚未到达 E 型波幅的预测值，但是作为一个完整的 N 型波幅，出现 E 型波幅的可能性是最小的，因此笔者会选择在这个"红三兵"形态出现之后将手中的空单了结离场，等待下一个机会。离场点位是"红三兵"形态的结束价位 1.0620。

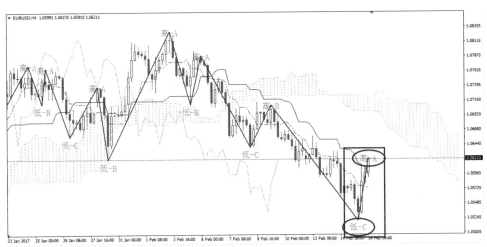

图 13.28　EURUSD 2017 年 1 月 23 日至 2017 年 2 月 16 日 H4

不过需要注意的是，虽然说在上涨趋势中"黑三兵"形态较少，在下跌趋势中"红三兵"形态较少，在这一轮价格下跌的过程中笔者也将手头的空头仓位全部清空，但并非意味着价格下跌趋势中的"红三兵"形态都需要离场，有几个关键点是我们必须要知道的：

（1）整个趋势所经过的距离是否够远；

（2）"红三兵"或者"黑三兵"的强度是否够强。

笔者找到上一轮上涨中的几个"黑三兵"的例子以作说明。在图 13.29 中笔者用方框框出了"黑三兵"的形态，在上文复盘的过程中并未在这个位置进行多

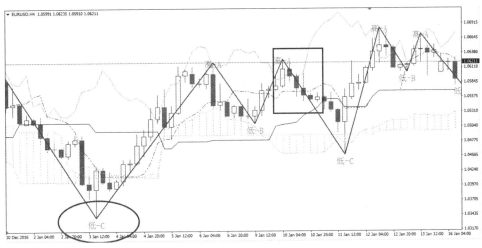

图 13.29　EURUSD 2016 年 12 月 30 日至 2017 年 1 月 16 日 H4

单离场的操作。第一，因为离 2017 年 1 月 3 日低—C 这个趋势起点的位置太近，趋势刚起步尚未稳固的时候确实会有小小反复的可能性；第二，也是笔者认为最重要的原因是这个"黑三兵"形态的空头力量还不够强。

在这一轮价格上涨的过程中可以找到空头力量比较强的"黑三兵"（见图 13.30），图中的"黑三兵"形态出现在上文笔者将多单离场的位置附近，因为这个"黑三兵"形态的空头力量非常强，以高—A 开始，以低—C 结束，并且出现在趋势的顶端，离趋势的起点非常远。将这两个例子反过来使用就是"红三兵"形态的使用方法，在之后的复盘过程当中也会用到。

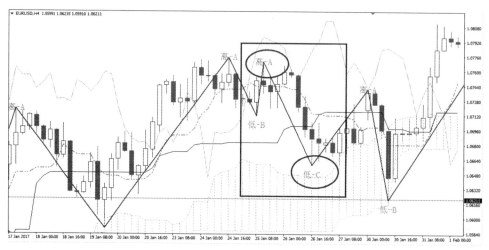

图 13.30　2017 年 1 月 17 日至 2017 年 2 月 2 日 H4

"红三兵"出现之后的盈利见表 13.7，共计盈利 0.0084 的距离，也就是 840 个点子的盈利。

表 13.7　盈利

持仓方向	持仓品种	进场价位	止损价位	离场位置
空	EURUSD	1.0682	1.0789	1.0620
空	EURUSD	1.0642	1.0789	1.0620

在形成高—A 之后，价格一路下跌，跌破了在 2017 年 2 月 15 日所形成的低—C（见图 13.31），此时我们是否要继续做空？按照我们原先的逻辑，上破高—A 做多，下破低—C 做空，但是现在这个下破低—C 的价格是否应该进场做

空？笔者认为不应该做空，如果投资者的策略里面包含震荡策略的话，甚至可以做多，从三方面可以看出来：

（1）前低—C的位置出现非常强力的"红三兵"形态说明此价位有强支撑的存在；

（2）前低—C的位置已超过前下跌N型波动的N型波幅预测位，接近于E型波幅的预测位，因此当前价格很有可能是一轮下跌趋势的底部；

（3）前高—A处于当时的现在均衡云下方，即使形成了低—C也无法判定这是一轮新的下跌趋势，因此沿用原来下跌趋势的支撑位数值。

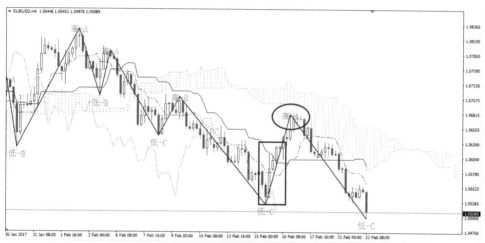

图13.31 EURUSD 2017年1月30日至2017年2月22日H4

不过本章复盘过程的主要目的是为了让读者理解一目均衡表的使用方法，并不是真实操盘训练，所以在2017年2月22日这个下破前低—C的价位不会进场做多。笔者在上文已经说过，等待是我们的好朋友，2月22日的下破低点之后，价格开始反弹，并且在一个区间内进行震荡，从图13.32中可以看到价格的区间震荡导致了一目均衡表的几个图表指标在一个范围内非常纠结，当图表指标没有办法给到我们非常明确的信号时，我们就抛开图表指标，就单纯的蜡烛线形态上来看是否与"五三战法"中的"三川"形态有点相似。

笔者将高低点指标加载进图表，形成图13.33，并且将高—A与低—C全部用圆圈标记出来，这个形态也正巧出现在价格趋势下跌了一定时间与距离之后，如果价格继续下跌，跌破前期数个低—C点所处的价格平台，我们就认为价格会

继续下跌，这个形态只是一个下跌中继，但从目前看来，低—C 在逐渐抬高，
高—A 也在逐渐抬高，因此很有可能是价格正在形成一个"三川"形态来构建价
格上涨的底部空间。因此我在高—A 区间画了一根横线，如果我对这个形态是
"三川"形态的预判正确，那么这根横线将是它的颈线，价格如果有效突破这根
颈线位，那么笔者将会毫不犹豫地进场做多。

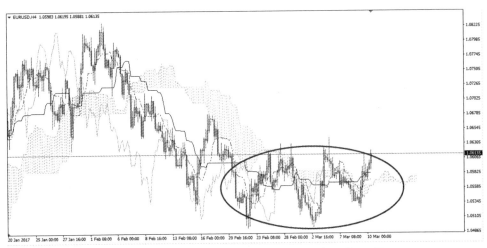

图 13.32 EURUSD 2017 年 1 月 20 日至 2017 年 3 月 10 日 H4

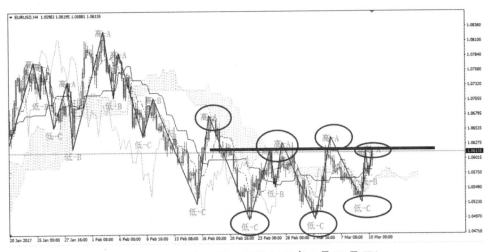

图 13.33 2017 年 1 月 20 日至 2017 年 3 月 10 日 H4

从图 13.34 中我们可以看到，价格向上突破了"三川"形态的颈线，但是这根向上突破的蜡烛线其所对应的迟行线如果稍微有一点点回调便会回到下方的蜡烛线当中去，说明上涨的动能还不是特别强，但是笔者标注出来的进场做多点很明显看到价格是在转折线、基准线与现在均衡云的上方，迟行线在其所在的蜡烛线上方，需要价格回调非常大的一段距离才会重新进入到蜡烛线当中去，未来均衡云处于多头状态。因此笔者选择在图 13.34 中标注出来的价位进场做多，做多价格是 1.0668，止损价格为 1.0527。

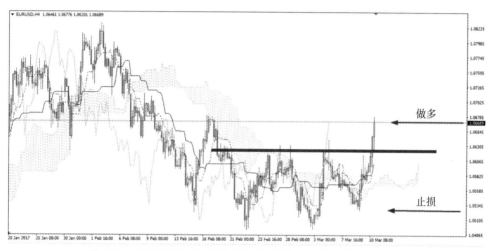

图 13.34　EURUSD 2017 年 1 月 20 日至 2017 年 3 月 10 日 H4

图 13.35 中能够看到，在做多进场之后，价格有了一定的反复，但是并未触及我们在图 13.34 中所设置的止损位置。当价格下跌至基准线下方之后形成了一个"红三兵"形态，但是笔者没有选择在"红三兵"形态处进场做多，最重要的原因是这个"红三兵"形态虽然形成，但是其上涨力量比较弱，甚至连最近的一个阴线的开盘价都没有超过。虽然"红三兵"形态的形成并没有给笔者入场信号，但是这个形态给了我们一个低—C 位，以便做后面进场多单的止损保护，并且该"红三兵"信号形成在已被突破的"三川"颈线位置，让我们对已经持有的多单更加有信心。可以看到之后的价格继续上涨，突破前期高点，笔者按照上破前高进场做多的逻辑，在 1.0714 位置进场做多，将所有多单的止损位移动至1.0600 位置。

图 13.35 EURUSD 2017 年 2 月 20 日至 2017 年 3 月 15 日 H4

目前我们持有的仓位见表 13.8。

表 13.8 仓位情况

持仓方向	持仓品种	进场价位	止损价位
多	EURUSD	1.0668	1.0600
多	EURUSD	1.0714	1.0600

时间进行到 2017 年 3 月 21 日（见图 13.36），价格又一次向上突破前期高—A，因此笔者选择做多操作，进场做多的价位在 1.0778。在进场做多的同时，笔者有选择地将所有多单的保护止损位上移至图中的位置，即 1.0663 附近。在这个图中就会有几个关于高低点判定指标的使用方法是需要我们关注的：

第一，笔者大多数时间会将做多订单的止损位设置在低—C，将做空订单的止损位设置在高—A，但是当价格的上涨速度过快，或者入场点位之前没有适合的低—C、高—A 的点位时，我们也可以将原先的止损进行移动。以图 13.36 中的止损为例，原先的止损在低—C 位，但是当 2017 年 3 月 21 日价格向上突破前高—A 的时候，最近的低—C 依旧是在原先的位置，那止损对我们持仓的保护作用就不复存在了，所以我会将已持有多单与新进场多单的止损上移以起到保护头寸的作用，但是在图 13.36 中不会将止损设置在前低—B 的位置，因为低—B 与高—B 都只能够出现在转折线与基准线中间的区域，特别是如图 13.36 中圆圈所标注出来的形态。高—A 与低—B 在几根蜡烛线当中便出现了 4 次，非常明显的是价格震荡所形成的高低点，如果我们的多单进场之后价格再次发生震荡，便有可能会将我们设置的止损给击穿。

图 13.36　EURUSD 2017 年 2 月 24 日至 2017 年 3 月 21 日 H4

第二，在图 13.36 中用圆圈标注出来的区域都是高低点指标中高低点距离特别近的例子，像这种例子是读者使用本书加载的高低点指标时经常会发生的一种情况。读者可以根据自己对行情的理解与认识，对不同的高低点进行判断。如左边的圆圈，笔者会将这个高低点的转折直接忽略，而对于右边圆圈中的高低点震荡，笔者会将其判定成一个水平震荡并利用他的上边界与下边界来判断之后行情的走势。

目前我们的持仓情况见表 13.9。

表 13.9　仓位情况

持仓方向	持仓品种	进场价位	止损价位
多	EURUSD	1.0668	1.0663
多	EURUSD	1.0714	1.0663
多	EURUSD	1.0778	1.0663

在图 13.37 中显示出来的是价格在形成低—C 之后向上突破前高—A 形成了新的高—A，中间的跳空应该是 3 月 24~27 日的周末没有交易所导致的。笔者在跳空开盘价 1.0838 进场做多，并将所有多单的止损位移动至前低—C 的位置，即

1.0760 为所有订单新的止损位。

在图 13.37 中还能够看到新低—C 的形成让我们很容易地画出这轮上涨趋势的下边界，连接这轮上涨当中的高—A 则形成了趋势的上边界，非常明显的一个上涨 P 型波动，趋势的上下边界便是目前价格的压力位与支撑位。当价格向上进行有效突破时，我们便做多；如果价格向下跌破下边界时，我们则做空。

图 13.37　EURUSD 2017 年 3 月 1 日至 2017 年 3 月 27 日 H4

目前我们的持仓情况见表 13.10。

表 13.10　持仓情况

持仓方向	持仓品种	进场价位	止损价位
多	EURUSD	1.0668	1.0760
多	EURUSD	1.0714	1.0760
多	EURUSD	1.0778	1.0760
多	EURUSD	1.0838	1.0760

在图 13.38 中可以看到，圆圈内标注的 2017 年 3 月 27 日的一根阳线蜡烛线向上突破了趋势的上边界，看似上涨力量非常强劲，满足我们一切图表指标关于做多的条件，但是要记住，这些条件仅在上涨趋势的一开始，当上涨已经持续了一段时间之后，这样的形态无法给我们发出做多进场的信号。在这根阳线蜡烛线之后立马便有一根阴线蜡烛线将价格拉回到原本的趋势上边界的下方，随后价格

便一路下跌。在上文中便有论述，价格向下跌破趋势线的下边界之后不要立马进行止损，如同 3 月 27 日的蜡烛线向上突破趋势的上边界不要立马进场做多一样，非常有可能是一个假的信号，我们需要等待市场给到更加明确的信号再入场交易。

价格徘徊在趋势的下边界下方，两根蜡烛线的时间之后，在 2017 年 3 月 29 日的一根蜡烛线有了较大幅度的下跌，形成一根中阴线，笔者会选择在这根蜡烛线收盘的时候将所持有的多单进行离场操作，价格是 1.0788。

图 13.38　EURUSD 2017 年 3 月 6 日至 2017 年 3 月 29 日 H4

多单离场时我们的持仓情况见表 13.11，根据离场的情况，能够计算得出我们这轮上涨的总盈亏是 0.0154，即 1540 个点子。

表 13.11　持仓情况

持仓方向	持仓品种	进场价位	止损价位	离场位置
多	EURUSD	1.0668	1.0760	1.0788
多	EURUSD	1.0714	1.0760	1.0788
多	EURUSD	1.0778	1.0760	1.0788
多	EURUSD	1.0838	1.0760	1.0788

笔者还是要再次提醒投资者，很多投资类的书籍都说趋势是我们的好朋友，我们要跟随趋势，但是这句话更多时候只对一些投资老手有用。对于交易界的新

人，包括交易了几十年却依旧每天都在面临亏损困扰的交易新人来说，等待才是我们最好的朋友，耐心等待市场给出最准确的信号。

我们手上的多单全部清仓之后，需要做的就是耐心等待市场给出的交易信号。根据本次交易复盘的逻辑，我们在现在均衡云的区域之内是不进行进场操作的，因此笔者选择了图 13.39 中所标注出来的价格 1.0704 进行做空，在 1.0815 的位置设置止损。有读者会好奇，在前两次，我们的初始止损位不是设置在前高—A 或者是前低—C 点吗？为什么这次的止损设置在中间这个位置？2017 年 3 月 29 日 8:00 的这根蜡烛线是笔者确定其原先上涨趋势结束的一根重要的蜡烛线，如果将止损设置在前高—A，那么与我们进场做空点的距离超过 2000 个点子，失去了止损位要保护头寸的意义，因此笔者根据自己的经验，将止损位设置在上涨趋势结束的位置，因为这里很可能是下跌趋势开始的地方。

图 13.39　EURUSD 2017 年 3 月 7 日至 2017 年 3 月 30 日 H4

目前我们的持仓情况见表 13.12。

表 13.12　持仓情况

持仓方向	持仓品种	进场价位	止损价位
空	EURUSD	1.0704	1.0815

从图 13.40 中看到，在我们初始进场做空之后，价格继续下行，形成低—C 之后略微有所反弹形成一个高—A，不过由于之后的蜡烛线实体站在了转折线与

基准线上方的位置，因此导致这个高—A 的位置处于转折线与基准线中间的区域，随后低—C 被一根阴线向下跌破后反弹，形成一根有较长下影线的阴线蜡烛线，笔者选择在跌破低—C 的价位 1.0636 进场做空，然后将所有空单的止损设置到新的止损位置，新的止损位设置在图中圆圈标注出来的"黑三兵"形态的起始价位 1.0753。

图 13.40　EURUSD 2017 年 3 月 24 日至 2017 年 4 月 5 日 H4

目前我们的持仓情况见表 13.13。

表 13.13　持仓情况

持仓方向	持仓品种	进场价位	止损价位
空	EURUSD	1.0704	1.0753
空	EURUSD	1.0636	1.0753

这样良好的下跌趋势维持的时间不长，在图 13.41 中可以看到，价格虽然创出了新低，但是 2017 年 4 月 12 日这根阳线蜡烛线的出现让原先保持完好的下跌趋势受到了破坏，这根阳线吞没了 20 根左右的蜡烛线，且从低—C 的位置直接到达了高—A 的位置（虽然高—A 没有出现，但是出现的概率非常大）。因此笔者选择在这个位置将所持有的空单全部清仓。

空单平仓的情况见表 13.14。根据空单进场价与离场位置的计算，此轮价格下跌做空的总盈亏为-0.0012，即亏损了 120 个点子。

图 13.41　EURUSD 2017 年 3 月 20 日至 2017 年 4 月 12 日 H4

表 13.14　空单平仓

持仓方向	持仓品种	进场价位	止损价位	离场位置
空	EURUSD	1.0704	1.0753	1.0664
空	EURUSD	1.0636	1.0753	1.0664

　　见图 13.42 EURUSD 2017 年 3 月 24 日至 2017 年 4 月 18 日 H4，在所有空单离场之后，再次出现了两个低—C，但是这两个低—C 相比前期的两个低—C 的位置更高，在短期内可以看到一个低点逐渐抬高的状态，这样的形态要么是中长

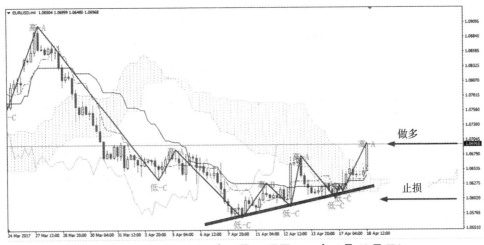

图 13.42　EURUSD 2017 年 3 月 24 日至 2017 年 4 月 18 日 H4

期的下跌反弹，要么就是原本下跌趋势的底部震荡整理。直到 2017 年 4 月 18 日一根蜡烛线向上突破前高—A，并且所有图表指标形态均看涨时，在该根蜡烛线的收盘价 1.0697 位置进场做多，初始止损位设置在两个低—C 所在的位置附近。

目前我们的持仓情况见表 13.15。

表 13.15　持仓情况

持仓方向	持仓品种	进场价位	止损价位
多	EURUSD	1.0697	1.0609

从图 13.43 中可以看到，在 4 月 21~24 日的周末，发生了某件对欧元或者美元影响比较大的事件，导致这一周向上跳空的幅度非常巨大，达到了 1890 个点子。为了谨慎考虑，虽然价格向上突破了前高—A，但是笔者不会在这个跳空蜡烛线进场做多，仅仅会将原本持有的多单的止损价位向上平移至新的止损价位 1.0730，也就是 2017 年 4 月 21 日最后一根蜡烛线的收盘价位置，这样的止损是为了保护原有的多头头寸，因为新的蜡烛线的跳空幅度实在巨大，防止其之后可能会发生巨幅的震荡影响到原本的持仓盈利。

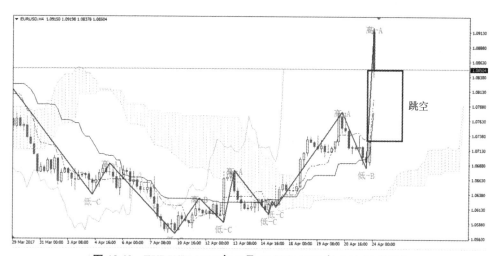

图 13.43　EURUSD 2017 年 3 月 29 日至 2017 年 4 月 24 日 H4

图 13.44 中，自 2017 年 4 月 24 日价格巨幅跳空高开之后，价格的波动幅度就越来越小，在 4 月 26 日与 4 月 27 日分别形成了两个"黑三兵"的形态，笔者在上文当中提到过，在上涨持续一段时间之后如果"黑三兵"形态的出现频率增

高是值得我们注意与警惕的，在两天里面出现了两次"黑三兵"形态，而价格又没有很好的上涨形态出现，因此笔者会在第二个"黑三兵"形态出现之后将多单离场并观望。

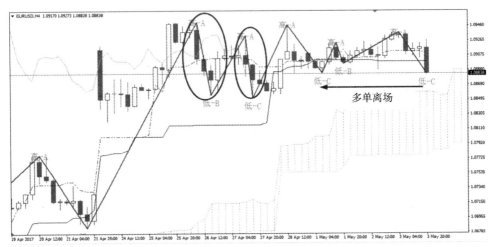

图 13.44　EURUSD 2017 年 4 月 19 日至 2017 年 5 月 3 日 H4

多单平仓的情况见表 13.16。根据多单进场价与离场位置的计算，此次做多的总盈亏是 0.0174，即盈利了 1740 个点子。虽然只进场了一张多单，但是从盈利的角度上来看还是非常不错的，不过这样的盈利不常有，完全是周末的跳空帮助我们获得了巨大的盈利，如果周末是巨幅跳空向下的话可能就会有不一样的情况发生了。

表 13.16　多单平仓

持仓方向	持仓品种	进场价位	止损价位	离场位置
多	EURUSD	1.0697	1.0730	1.0871

图 13.45 中，2017 年 4 月 24 日的跳空高开之后，价格就开始小幅震荡，经过了 52 根蜡烛线的震荡，形成了一个较为典型的 P 型收敛波动，2017 年 5 月 4 日 16:00，蜡烛线向上突破 P 型波动的上边界，并且第二根蜡烛线也稳稳地站在了上边界的上方，所有的图表指标均看涨，我们没有理由拒绝这样做多的好机会，因此笔者选择在 1.0984 的位置进场做多，在前低—C 的位置 1.0874 设置止损。

图 13.45 EURUSD 2017 年 4 月 11 日至 2017 年 5 月 4 日 H4

图 13.46 中,在 1.0984 进场做多之后价格确实向上涨了一段距离,但是 2017 年 5 月 8 日周一的一根大阴线破坏了这良好的上涨势头,价格急转直下,跌破了原先被突破的压力线,在两根阴线形成之后可以确认价格回到了原来的趋势线(也就是原来的那个 P 型波动)当中,笔者在 1.0923 的位置止损离场。这次做多交易亏损 610 个点子。

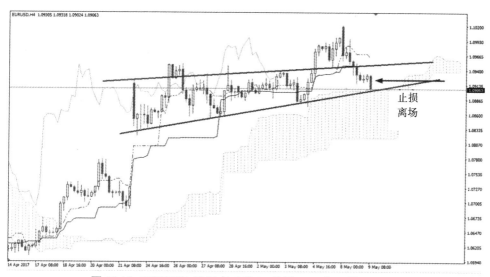

图 13.46 EURUSD 2017 年 4 月 14 日至 2017 年 5 月 9 日 H4

图 13.47 中，能够看到价格在止损离场之后继续下跌，甚至随着价格的下跌，蜡烛线出现在了现在均衡云的下方，同时所有的技术指标看似都满足做空的条件，那么为什么笔者会在图中做空进场的边上标注两个问号呢?

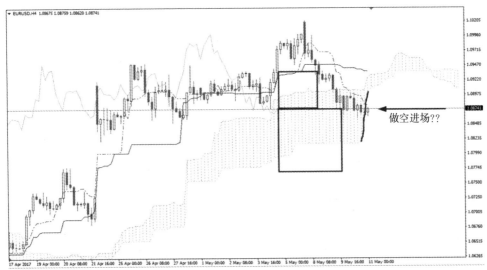

图 13.47　EURUSD 2017 年 4 月 17 日至 2017 年 5 月 11 日 H4

其实这是在使用一目均衡表时非常重要的一个点，也是一目均衡云这个指标非常有意思的地方，我们可以看到在图 13.47 中蜡烛线虽然处于现在均衡云的下方，但是蜡烛线是从一目均衡云的云阴影部分（见本书第六章）的右边出来的，这是一个比较明显的高位宽幅震荡才会有的均衡云指标形态。第二点是笔者在图中用迟行线画了两个小箱体，下方的小箱体的边框长度并没有 26 根蜡烛线的周期那么长，仅有 19 根蜡烛线周期的长度，说明价格向下的力量并不是很强，非常可能处在震荡的势头中（见本书第五章），因此笔者在这个点绝不会入场做空。

在图 13.48 中可以看到之后蜡烛线的走势并没有创新低，在一段小幅震荡之后向上拉出一根比较大的阳线，之后向上突破现在均衡云的压制（这里可以看到与上面不同，蜡烛线是从现在均衡云的上方突破，而不是从侧边）。笔者同时也标注出迟行线的相关位置形态，可以看出从迟行线至当前价格的蜡烛线中间没有任何蜡烛线实体的阻挡，因此能够在上方画出一个边长为 26 根蜡烛线周期的小箱体，而下方能够画出边长约 16 个周期的小箱体，这代表了价格上涨的动能强劲，而其他的技术指标也均满足此次复盘的做多逻辑，由此，笔者在图 13.48

中标注的位置 1.0992 进行做多，而在前期的大阳线的底部 1.0865 设置保护性止损。

图 13.48　EURUSD 2017 年 4 月 20 日至 2017 年 5 月 16 日 H4

图 13.49　EURUSD 2017 年 4 月 26 日至 2017 年 5 月 19 日 H4

图 13.49 中，价格在我们初始入场做多之后持续上涨，在形成一个低—B 之后又继续上涨，突破前高—B 形成新高点，按照复盘逻辑，在突破前高—A 处的 1.1172 进场做多，将保护性止损上移至离新入场点距离 1000 个点子的低—B 处

1.1076。目前我们的持仓情况见表 13.17。

表 13.17　持仓情况

持仓方向	持仓品种	进场价位	止损价位
多	EURUSD	1.0992	1.1076
多	EURUSD	1.1172	1.1076

在图 13.50 中可以看到新高—A 比前高—A 低，这是一个信号，值得我们注意的是，在上涨趋势当中，如果高点降低了，就说明上涨趋势的力量减弱了，这将会导致两个结果：一是将会出现上涨趋势中的震荡整理；二是可能会出现上涨趋势的反转。当然，不管哪一种情况都不是我们希望参与的，但是仅凭高点的降低就判定出这两种情况是远远不够的，我们需要更多的信号支持。

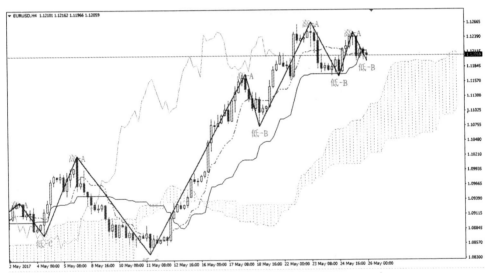

图 13.50　EURUSD 2017 年 5 月 2 日至 2017 年 5 月 26 日 H4

图 13.51 中，高点降低之后低点也在逐渐降低（低—B 变成了低—C），蜡烛线甚至进入了均衡云，并且我们的转折线与基准线都调头向下，因此笔者选择在基准线调头向下的第二根蜡烛线收盘处 1.1162 所有多单离场。

图 13.51 EURUSD 2017 年 5 月 4 日至 2017 年 5 月 29 日 H4

多单离场的情况见表 13.18。

表 13.18 多单离场

持仓方向	持仓品种	进场价位	止损价位	离场位置
多	EURUSD	1.0992	1.1076	1.1162
多	EURUSD	1.1172	1.1076	1.1162

在表 13.18 中我们可以看到离场的 2 张多单 0.016，也就是 1600 个点子。

笔者可以使用一目均衡表对任何品种的历史数据图表进行复盘，因为在真实的市场环境当中，我们会碰到无数种无法把控的情况，在模拟复盘当中不会全部能够分析透彻、到位，在之后的小节当中笔者将总结几种比较重要的情境以供读者参考。

第四节 一目均衡表在使用中的其他相关要点

笔者认为市场中可能发生的情况很多，蜡烛线可能形成的形态也会有无数种，但是无外乎就是上涨与下跌，而上涨与下跌只是表象，内在的含义就是多头力量更强与空头力量更强。因此我在这节中会着重介绍用一目均衡表判别价格的强弱。

1. 高点与低点之间的距离

本段将介绍高低点指标中两个相邻高点与低点之间距离变化所代表的意义。

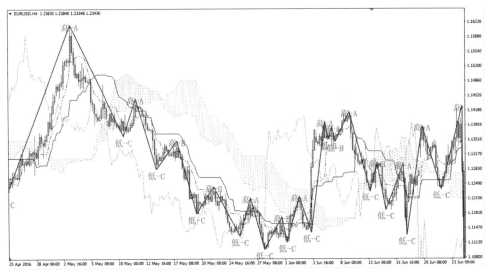

图 13.52　EURUSD 2016 年 4 月 25 日至 2016 年 6 月 23 日 H4

在图 13.52 中可以看到从价格 2016 年 5 月 3 日的 1.1614 跌至 2016 年 5 月 30 日的 1.1097，在 100 多根蜡烛线周期内一共下跌了 5000 多个点子，从历史数据图表中能够非常容易地判定这是一段价格的下降趋势，在价格的下降趋势中，高点与低点之间的距离有非常明显的特征，即由高点至低点的距离会较低点至高点的距离更长，因为下跌趋势本来就是一个个的下降 N 型波动所组成的，所以在下跌趋势中下降的距离较长，反弹的距离较短。

图 13.52 中则呈现出了一段非常明显的上涨趋势，上涨趋势是由许多个上涨 N 型波动所组成，根据上涨 N 型波动的特点就能够知道由低点至高点的距离较由高点至低点的距离更长，也就是上涨较多而下跌（回撤）较少。这是投资者平时说的多头力量较强的一种表现。

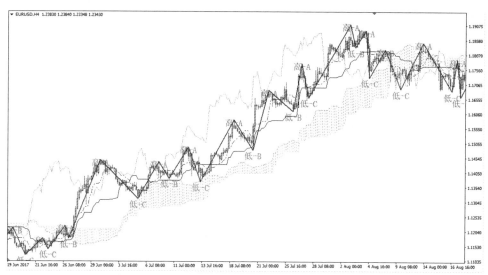

图 13.53 EURUSD 2017 年 6 月 19 日至 2017 年 8 月 16 日 H4

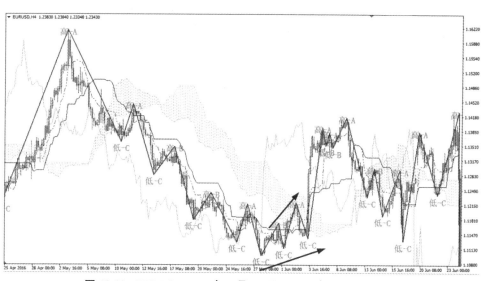

图 13.54 EURUSD 2016 年 4 月 25 日至 2016 年 6 月 23 日 H4

高点与低点之间的距离除了在趋势的判定中有着非常重要的作用，也能够用在判定趋势尾部的形成。在图 13.55 中笔者标注了两根带有箭头的直线，示意低点抬高的同时高点也在不断抬高，实际上这种情况是由于上涨得更多而下跌得更少所导致的。在价格经历了一段非常长的下跌趋势之后出现这样的形态非常有可能就是到达了趋势的底部，如果蜡烛线又向上突破则可以进行做多操作。

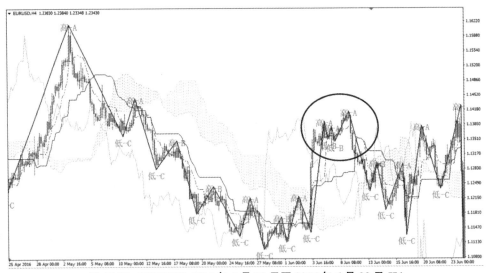

图 13.55　EURUSD 2016 年 4 月 25 日至 2016 年 6 月 23 日 H4

　　如果高点与低点之间的距离非常近又意味着什么呢？这里的近是指横坐标上的距离比较近。笔者又用了同样的一幅图来进行表示，在图 13.55 中可以看到被圆圈标注出来的高低点距离非常近，近到相隔 2 根蜡烛线周期就产生一个高点与低点。由于笔者设定的高低点指标判定的逻辑原因，如果发生这种情况则意味着在短期内价格上涨下跌的方向并不是非常明确，需要等待更多的信号才能够入场。也就是说价格力量的强弱并不是很清晰，没有一个向上或向下的趋势存在，极有可能是进入了震荡区间。

　　如果高低点的距离相较图表中其他高低点的距离更短的话，很可能是进入了震荡区间，在图 13.56 中就能看到，圆圈内所标注出来的高低点之间的距离相较图表当中上涨部分高低点之间的距离更短，因此笔者会判定这是一个震荡，而如果是震荡的话则需要更多的信号才能够再次入场进行交易。

　　如果高低点距离一直很短，且都没有明显新高新低产生，或者是即便产生了新高与新低，但是新高与新低的位置是位于均衡云当中的，迟行线与蜡烛线相互纠结很难在图中画出两个大的箱体，则可以判定目前的价格行情处于震荡当中。如图 13.57 所示，在长方体框中标注出来的部分就是比较明显的震荡，高低点之间的距离相较于前期的上涨都比较近，如果入场交易则需要发出更多有力的信号才能够确定走势的具体方向。

图 13.56　AUDUSD 2017 年 12 月 4 日至 2018 年 2 月 5 日 H4

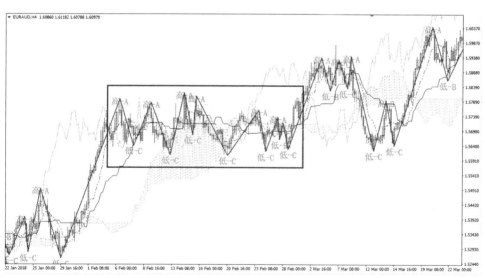

图 13.57　EURAUD 2018 年 1 月 22 日至 2018 年 3 月 22 日 H4

2. 蜡烛线与现在均衡云之间的距离

　　一目均衡表意在让使用者能够清楚看到价格的均衡状态，由小均衡至大均衡依次是转折线、基准线与均衡云，在本书图表构成篇当中也有提及，如果蜡烛线远离图表指标就会回归，这种回归并非单纯是蜡烛线向图表指标移动，也有可能是图表指标向蜡烛线移动。在实际操作中，如果价格有明显的向上或者向下的趋势，转折线与基准线大多会跟随价格移动，但是对于均衡云来说，其计算周期比较长，移动会更加缓慢，因此当价格离均衡云较远的时候，可能会向均衡云靠拢并缩短它们之间的距离。

在图 13.58 中，蜡烛线距离现在均衡云较远，价格就反转向上朝着均衡云回归。因此笔者也在本书中提到过，一目均衡表交易系统既能够指示趋势也能够指示震荡，这种蜡烛线与均衡云之间的距离偏移就是指示震荡的一种方法。

图 13.58　EURAUD 2017 年 5 月 15 日至 2017 年 7 月 12 日 H4

这样类似的例子读者能够在历史数据图表当中找到许许多多个，由于不同的时间框架与不同的品种其远近的判定都不同，因此我建议读者可以自行根据历史数据图表来判定蜡烛线离现在均衡云多远才算是远。

总　结

一目均衡表实际上会有多种方式方法，为了方便读者能够更直观地理解一目均衡表的使用，笔者在本章当中只是使用了一个最简单、基础的复盘方式，将一目均衡表的应用方法通过复盘的形式展示给读者，就像我在本书中提到的，一目均衡表系统不仅能够用来判定价格的趋势，还能够用来在价格震荡中进行盈利，不过这些方法只能由读者自己在使用这个交易系统时多多思考与感悟了，希望读者能够在笔者这样的复盘过程中，抓住一目均衡表中的使用要点，并应用到自己的交易系统当中去。

第十四章　使用基本面分析优化一目均衡表的使用

　　本章作为全书正文的最后一章，可以说对本书通篇内容作了一个画龙点睛。因为在本书着重讲解一目均衡表这个技术分析方法（或交易体系）的时候，我们将目光更多地聚焦在价格行为的变化上，无可厚非地相信价格会告诉我们需要了解的一切信息，可是除了价格本身的行为之外，是否有其他的信息是需要我们了解的呢？又或者说，是否有某些信息将会影响到我们使用一目均衡表的分析方法呢？如果有，那么笔者相信找出这样的信息能够对我们更好地使用一目均衡表大有帮助。

　　在这一章，笔者将重点剖析价格行为变化之外的信息，也就是基本面分析方法，如果说技术面分析是通过过去与现在的价格行为变化来预测将来的价格行为，那么基本面分析是运用供需理论与基本面相关信息，对所分析的商品价格进行分析和预测，根据商品的供给和需求关系以及影响供需关系变化的种种因素来预测商品价格走势的分析方法。简而言之，基本面分析通过研究金融标的内在价格从而预测其将来的价格变化。

　　本书主要分析的外汇交易市场中的标的价值主要受各货币发行国的经济、政策以及各国之间的地缘关系的影响，因此在本章当中将重点探讨这些相关基本面要素是如何影响外汇交易市场中货币价格走势的。

第一节　重要宏观经济指标

　　宏观经济指标一般由政府部门统计并发布，不过也有少数例外，但从统计部门统计方法的科学性与统计数据的完整性来说，一些重要的宏观经济数据对于我们从整体上认识、理解并判断某一个或某一些货币之后的价格走势是非常有帮助的。

在本节中笔者将简单介绍几个对外汇价格走势影响较大的宏观经济指标，其中包括国内生产总值、居民消费者价格指数、美国非农数据、美国 ADP 数据、采购经理人指数、生产者价格指数。

1. 国内生产总值

国内生产总值（GDP，Gross Domestic Product）的数据是众多宏观经济数据当中最基础也是最重要的一个，GDP 是指一个国家或地区所有常住单位在一定时期内生产的全部最终产品和服务价值的总和，被认为是能够最直接衡量国家或地区经济状况的指标。

如果某国的 GDP 大幅增长，反映出该国经济向上，国内生产能力增加，消费能力也随之增强，在这种情况下，该国的中央银行可能会提高本国利率，紧缩货币供应，经济表现良好及利率上升会增加该国货币的吸引力从而推动货币汇率的上涨。相反，如果 GDP 出现负增长，表示该国经济处于衰退状态，消费能力减弱，该国的中央银行可能会降息释放货币流动性以刺激经济的增长，经济的衰退加上利率的下降会降低该国货币的吸引力，并致使该国货币汇率下跌。

2. 居民消费价格指数

居民消费价格指数（CPI，Consumer Price Index）是反映居民家庭一般所购买的消费品和服务项目价格水平变动情况的宏观经济指标。简单来说，CPI 是一个能够大体反映出一国通货膨胀程度的宏观经济指标。适当的通货膨胀是有利于经济发展的，但是当 CPI 急速上升时，说明物价上升过快，经济过热，该国的中央政府会通过公布一系列的紧缩银根的货币政策或财政政策以缓解过热的经济；当然如果 CPI 过低，甚至是呈现负值时，说明居民消费欲望过低，不利于经济增长，此时中央政府会发布各种货币政策与财政政策来刺激经济。

一般来说 CPI 超过 5% 会被判定成过度的通货膨胀，例如中华民国时期发行的金圆券在后期通货膨胀远超 100%，物价飞涨，人民币汇率急速下跌；而在 2008 年金融危机之后，美国经济迅速下滑，居民消费欲望降低，CPI 指数过低，美联储实行量化宽松（QE，Quantitative Easing）以刺激经济增长，货币的大量发行在短期内致使美元汇率走低，但是长期来看经济的复苏又使得美元的汇率上涨。

3. 美国非农数据

美国非农业人口就业数据由美国劳工部每月公布一次，其数据内容包括季调后非农业就业人口变动、平均每小时工资月率、劳动参与率、平均每小时工资年率、失业率等，该数据主要统计从事农业生产以外的职位变化情形。美国是世界第一大经济体，非农业人口的就业为其经济带来的增长要远超过农业人口的就业，因此相关的统计数据会对美元汇率的涨跌有较大的影响。

非农数据的变化反映出制造行业和服务行业的发展及其增长，数字减少便代表企业减低生产，经济步入萧条；在没有发生恶性通胀的情况下，如数字大幅增加，显示一个健康的经济状况，对美元应当有利，并可能预示着将提高利率，也对美元有利。非农就业指数若增加，反映出经济发展的上升，反之则下降。

不过近年国际上各国由于经济、地缘上的风险不断加剧，导致对非农数据的关注程度不如以前，其影响力也在逐渐下降，但是其重要性依旧是不言而喻的。如果世界各国的经济、政治与地缘局势逐步平稳，相信非农数据依旧会在很大程度上影响美元汇率的价格。

4. 美国 ADP 数据

美国 ADP（Population Data of American）就业人数是少数几个非政府部门统计发布的重要宏观经济数据之一，该数据由宏观经济顾问（Macroeconomic Advisers）公司负责制定和维护，采集自约 50 万家匿名美国企业，是美国就业情况的反映。由于该数据的公布时间比劳工部所公布的美国非农数据提前两天，又同是美国就业人口的相关数据，因此 ADP 数据一向被认为是美国非农数据的前瞻数据，对投资者预测官方发布的非农数据有着积极的参考价值。

图 14.1 中的比较数据是从 FX678 汇通网上截取下来的，能够看到非农就业人口变动在很大程度上与 ADP 就业人数的发布保持一致。

5. 采购经理人指数

采购经理人指数（PMI, Purchase Managers' Index）是每月第一个公布的重要宏观经济数据，其能够在很大程度上反映出制造业或服务业的增长或者衰退。PMI 指数以 50 为分界线，这也是与其他重要宏观经济指标非常不同的一点，如果指数大于 50 则说明经济上行，如果小于 50 则说明经济衰退。如果美国当月公布的 PMI 指数大于 50，则会推升美元汇率上涨；小于 50，则会使美元汇率下跌。

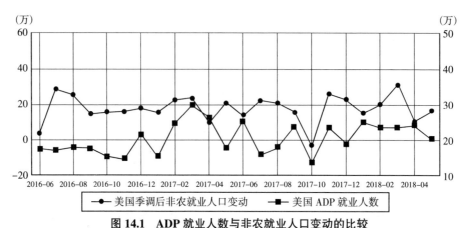

图 14.1 ADP 就业人数与非农就业人口变动的比较

注：横坐标代表指标公布时间（不适用于新增的对比线），节点显示的是指标周期！

6. 生产者价格指数

生产者价格指数（PPI，Producer Price Indexes）是衡量工业企业产品出厂价格变动趋势和变动程度的指数，是反映某一时期生产领域价格变动情况的重要经济指标，也是制定有关经济政策和国民经济核算的重要依据。

PPI 与 CPI 不同，其主要的目的是衡量企业购买的一篮子物品和劳务的总费用。由于企业最终要把它们的费用以更高的消费价格的形式转移给消费者，所以，通常认为生产物价指数的变动对预测消费物价指数的变动是有用的。

不过 PPI 与 CPI 对各国货币的汇率影响是相似的，并非指数升高，该国的汇率价格就会升高，在该国中央政府制定影响较大的货币政策与财政政策的时候都会将 CPI 与 PPI 作为非常重要的参考指标，因此，这两个指标在不同时期的重要性是截然不同的。

第二节　政策因素影响

在本章第一节中简单介绍了一些较为重要的宏观经济数据，有些宏观经济数据会直接反映一国的经济发展情况，从而影响该国的货币汇率价格，如 GDP、非农数据；而有些宏观经济数据则会促使该国的中央政府施行某些货币政策或财政政策以对宏观经济进行调控，从而影响该国货币的汇率价格。

1. 货币政策

货币政策主要的调控对象为货币供应量，即市场中流通货币的总量或全社会的总购买力，简单来说货币政策会通过调整存款准备金率、存款利率、贷款利率、外汇政策等来控制全社会的货币总量。

在 2008 年金融危机之后，美国推出 QE 政策，实现货币宽松以刺激经济快速复苏。而在 2017 年美国的经济增长看似已经满足美联储的最初目标，在美联储的议息会议中就会释放信号告诉公众如果要退出 QE 政策需要有 CPI 指标的配合，如果 CPI 指标过低则无法有效说明经济复苏的成果，那么在之后的 CPI 数据公布时都会对美元汇率有较大程度的影响。

2. 财政政策

财政政策是指根据稳定经济的需要，通过财政支出与税收政策来调节总需求。增加政府支出，可以刺激总需求，从而增加国民收入，反之则压抑总需求，减少国民收入。税收对国民收入是一种收缩性力量，因此，增加政府税收，可以抑制总需求从而减少国民收入，反之，则刺激总需求增加国民收入。

第三节　货币自身属性

由于不同货币的属性不同导致同样的国际信息或者相类似的宏观经济数据发布会导致不同的货币有不同的价格走势，因此货币自身的属性也单列于价格行为变化之外。笔者将各种货币属性简单地分为避险属性与商品属性。

1. 避险属性

具有避险属性的货币主要有日元、瑞士法郎、美元，这些货币都有一个共同特点，就是货币利率较低，外汇资产头寸庞大，金融市场流动性良好，因此不容易受到战争、政治以及国际市场波动的影响。

其中瑞士法郎为老牌避险货币，笔者在此也不多做赘述，而日元作为近 20 年来新兴的避险货币，其强大的避险属性也令许多投资者在风险来临的时候会选择进入日元市场，因此，每当国际金融市场有些许风吹草动，日元的价格便会顺势上行，但是日元价格的过分上涨对日本本土的贸易企业并无太大帮助，甚至可以说是弊大于利的。在近年国际市场风险事件不断累积的情况下，日元不断升值，日本财政厅为了控制日元急速上涨的势头，使用多种货币政策与财政政策调控，其中最为知名的便是于 2016 年初实行的超额存款准备金负利率的货币政策，致使日本成为亚洲首个进入银行负利率的国家。

2. 商品属性

货币具有商品属性是指某些货币其发行国的经济情况很大程度上依赖了某种资源类商品的开采与出口。在主流的外汇品种中，澳元与加元具有极强的商品属性，澳大利亚生产铁矿石，而加拿大盛产原油，这两个触及产品的出口收入占两国 GDP 中非常大的份额，当黑色系商品价格上涨或下跌时，澳元的汇率价格也会随之上涨或下跌；当原油的价格上涨或下跌时，加元的汇率价格同样会上涨或下跌。

具有商品属性的货币还会受到该商品进口国进口数量或者进口预期的强烈影响。比如说中国是澳大利亚铁矿石最大的进口国之一，当中国公布的 GDP 数据下滑时，澳元也会随之下跌，因为对澳大利亚之后的铁矿石出口数量有了一个降低的预期（也包括其他多种因素）。

一些主流外汇货币虽可能具有一定的商品属性，但从某种程度上来说，受到所关联商品的影响相比一些经济欠发达国家的商品货币所受的影响要小很多。加元与俄罗斯卢布都是与原油价格紧密联系的两个商品货币，但是从国家经济体的稳定性以及在国际货币市场上的规模来说，俄罗斯远远不及加拿大。因此布伦特原油在 2015 年 5 月~2016 年 1 月，由区间高点 66 元跌至 33.4 元，跌幅达到49.39%时（见图 14.2），USDCAD 与 USDRUB 的汇率价格都有不同程度的上涨，USDCAD 由 1.19 上涨至 1.468，涨幅为 23.36%（见图 14.3），USDRUB 由 52.72上涨至 85.79，涨幅为 62.72%（见图 14.4）。由此可见，同样的商品货币在同样的情况下，经济体量与外汇规模更小的货币会受到更大的影响。

图 14.2　XBUUSD 2014 年 8 月 3 日至 2018 年 5 月 20 日 WEEKLY

图 14.3　USDCAD 2014 年 1 月 19 日至 2018 年 5 月 20 日 WEEKLY

图 14.4 USDRUB 2013 年 9 月 1 日至 2018 年 5 月 20 日 WEEKLY

第四节 相关案例

案例 1：GDP 数据发布与汇率行情走势的共振——AUDUSD 汇率的走势分析

2017 年 12 月 6 日公布的澳大利亚 GDP 年率数据的前值为 1.9%，预期为 3.0%，而实际值为 2.8%，虽然不及预期，但是远超前值 1.9%这个数值，而且我们从图 14.5 中可以看到 2017 年 12 月 6 日公布的 GDP 年率数据高于前四个季度的 GDP 年率数据。

图 14.6 中，AUDUSD 价格经过了三个月的下行之后终遇转机，在 12 月 6 日 GDP 年率公布后的短暂下行结束之后，AUDUSD 价格向上强势穿透现在均衡云并突破前期高点，见图 14.7。向上突破后一目均衡表的各种形态全部到位，技术形态与基本面信息形成共振，笔者会选择在此突破价位进场做多。在经过了一个多月的上涨之后，AUDUSD 的价格由入场价 0.7653 达到 2018 年 1 月 26 日的区间最高点 0.8135，最大涨幅超过 4800 个基点（见图 14.8）。

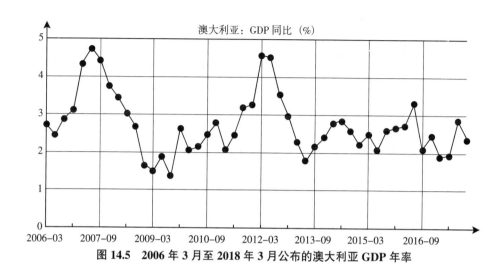

图 14.5　2006 年 3 月至 2018 年 3 月公布的澳大利亚 GDP 年率

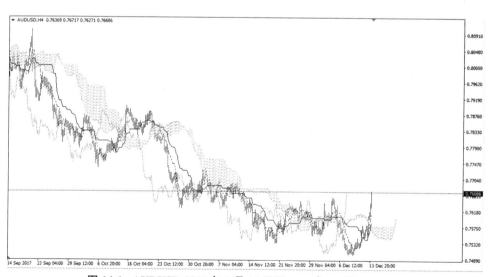

图 14.6　AUDUSD 2017 年 9 月 14 日至 2017 年 12 月 14 日 H4

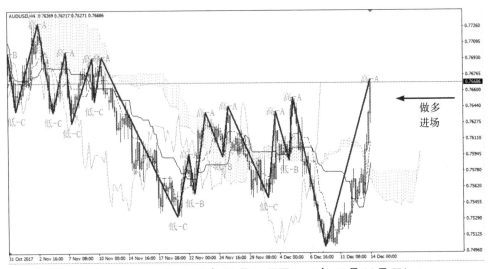

图 14.7　AUDUSD 2017 年 10 月 31 日至 2017 年 12 月 14 日 H4

图 14.8　AUDUSD 2017 年 11 月 8 日至 2018 年 3 月 2 日 H4

案例 2：重要宏观数据的发布影响货币政策的预期

在外汇市场上，宏观性因素对价格的波动往往有着较长周期的影响。比如 2008 年金融危机后欧洲推出的 QE 政策，实行至今已近 10 年，而 QE 也使欧洲紧张的金融环境得到了放松，持续的低利率使得市场上有大量的资金可以用于投资，从而促进欧元区的经济增长。但近些年来，关于何时退出 QE 的争议也未曾停止过，而判断是否会退出 QE 与每次经济数据的发布有着非常密切的关系。

2015 年 6 月 1 日，欧元区公布 5 月制造业 PMI 初值，该项数据的预期值为 51.8，前值为 52，实际公布值为 52.3，创 2014 年 4 月来最高。就分项来看，新增就业指数升至 2011 年 5 月以来的最高值 52.3，新出口订单分项指数为从 52.3 升至 53.0，也创自 2014 年 4 月来最高水平；产出分项指数从 53.4 升至 53.5。企业增加雇佣，显示出了需求的强劲和对未来形势的乐观预期。但是，制造业加快增长被服务业增速放缓部分抵消。欧元区 2015 年 5 月服务业 PMI 初值 53.3，不及预期和前值，拖累欧元区 5 月综合 PMI 初值下滑至 53.4。EURUSD 价格当天报收 1.0922，下跌了 0.63%。

同时，欧元区内两大经济体德法两国 2015 年 5 月 PMI 表现分化。德国 5 月制造业 PMI 初值 51.4，服务业 PMI 初值 52.9，均不及预期和前值，导致综合 PMI 初值由 4 月终值 54.1 下滑至 52.8。制造业产出的下滑成为拖累因素之一。数据表明德国 5 月民间部门增长放缓，或将拖累德国第二季度经济扩张速度。

根据多方面经济数据综合考量的结果，欧洲央行委员会认为有必要继续坚定实施 QE，并且对实行 QE 所带来的初步效果感到满意，并认为没有必要考虑改变货币政策立场，重申购债计划将持续到 2016 年 9 月，不过欧洲央行表示可以随时调整 QE 规模及期限以适应市场情况出现的变化。

投资者可以从中得到的信号是：由于 QE 的最终规模与实行时间并未在欧洲央行的规划之内，因此在结束 QE 尚未列入欧洲央行议程之内以前，EURUSD 不具备大幅走高的条件。因此在接下来长达一年半的时间内，EURUSD 都维持低位震荡（见图 14.9）。

案例 3：货币政策对美元指数走势影响的案例（即追踪美联储 2017 年全年度加息政策对美元指数走势的影响）

2017 年 2 月 2 日凌晨，美联储 2 月议息会议决议获得全票通过，决定维持当前基准利率不变，联邦基金目标利率仍将维持在 0.50%~0.75%的区间。美联储公开市场委员会认为自 2016 年 12 月以来，经济活动继续温和扩张，劳动力市场强劲，家庭支出温和增长，消费者和企业情绪近期改善，但企业投资依然疲软，通胀仍低于 2%的长期目标。因此本次议息会议决定维持目前利率水平不变，这一决定符合之前的市场预期。所公布的消息与市场预期所差无几，而美元指数也从 2017 年初以来大幅走弱，因此美元指数在短暂下跌以对消息做出反馈之后，便开始作出技术性反弹（见图 14.10）。

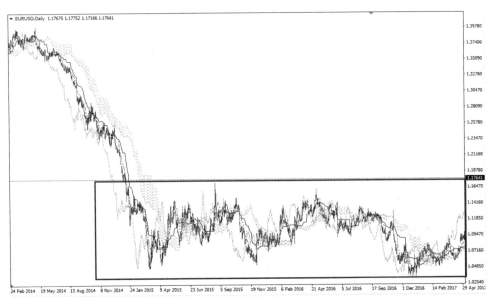

图 14.9　EURUSD 2014 年 2 月 24 日至 2017 年 4 月 29 日 DAILY

2017 年 2 月 2 日

图 14.10　USDX 2016 年 12 月 23 日至 2017 年 2 月 23 日 H4

　　2017 年 3 月 14~15 日，美联储召开为期两天的利率政策会议，会议宣布加息 25 个基点，将联邦基金利率由 0.5%~0.75%上调到 0.75%~1%。决议公布后，

美元指数下挫，美债收益率跳水，黄金、美股上涨。美元指数当日收报阴线，来
到云层下方，自此空方力量占了上风。从图 14.11 中可以看到，2017 年 3 月 14~
15 日的价格已经位于现在均衡云的下方，其未来均衡云形成空头态势，前期的
两个高点逐渐降低，从形态上来说此时的现在均衡云已经成了价格上行的压力，
但是 3 月 14~15 日的利率政策会议可能会使价格有所反转，但是决议公布之后美
元指数直接下跌，跌破前低，形成一根巨量阴线，由此确定均衡云已经成为上行
的压力，之后的短期价格走势将呈下行态势。

图 14.11　USDX 2017 年 1 月 31 日至 2017 年 3 月 28 日 H4

在图 14.12 中能够看到，美元指数在 3 月 28 日出现了"红三兵"的形态，
但是原先的价格已经远离了现在均衡云，价格并没有呈现出先稳固后上行的形
态，而是直接出现了 V 型上涨，这种情况下比较难以判断上涨的可持续性，不过
之后的蜡烛线从现在均衡云的右侧移动出来可以证明此时的上涨力度已经有所减
缓，投资者需要留意价格随时的反转下跌，不建议介入操作。

2017 年 5 月 26 日，美联储发布 4 月会议纪要和纽约联储发布公告，主要向
公众传达两个紧缩信号，一是 6 月将会加息，二是美联储将在 5 月 25 日与 6 月
1 日尝试缩表。美元随之反弹上涨 0.69%，黄金原油等大众商品承压，黄金、白
银、原油分别暴跌 1.62、2.03、1.44 个百分点，道琼斯工业指数下跌 0.02%。4

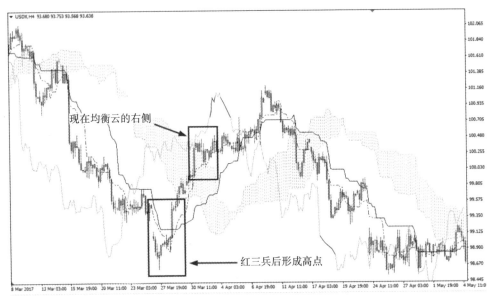

现在均衡云的右侧

红三兵后形成高点

图 14.12　USDX 变化

月会议纪要公布后，市场对加息的预期显著上升，6 月加息的可能性由纪要公布之前的 19%迅速提升至 34%。

本次纽约联储的公告中采用的是小规模国债及按揭支持证券（MBS）公开出售，所出售的资产是根据 1 月的美联储会议决定进行的，主要目的是测试并观察市场对缩表的反应。计划在 5 月 24 日出售到期期限在 2~3 年、面值总额不超过 2.5 亿美元的美国国债；同时计划在 5 月 25 日和 6 月 1 日出售面值总额不超过 1.5 亿美元的抵押贷款支持证券（MBS）。相较于美联储 4 万多亿美元的庞大资产来说，此次公告中计划出售的资产简直就是九牛一毛，而且在事实上，美联储于 2012 年 2~4 月也曾出现过缩减的状况，其缩减规模超过 500 亿美元，远大于当前的操作规模。

如果我们只观察 USDX 的 4 小时图（见图 14.13），当 5 月 26 日的蜡烛线形成之后，我们会发现出现一个低点抬高的同时高点也抬高的底部信号，配合 5 月 26 日联储发出的缩紧信号，激进的投资者自然而然地便会进场做多。但是如果我们同时观察 DAILY 的图表（见图 14.14），便会发现在 4 小时图上的底部信号只不过是 DAILY 图上的一个微型的反弹而已，整个蜡烛线依旧处于空头的趋势之下，何时见底根本无从知晓。

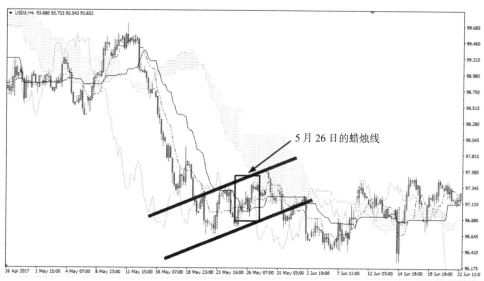

图 14.13　USDX 2017 年 4 月 26 日至 2017 年 6 月 22 日 H4

图 14.14　USDX 2016 年 12 月 16 日至 2017 年 11 月 24 日 DAILY

　　2017 年 12 月 13 日的美联储议息会议决定加息 25 个基点，联邦基金利率将升至 1.25%~1.5%的区间，符合市场预期，消息一经公布，美元指数下跌，美股则继续走高。由于市场对 12 月的加息早有预期，几乎已成板上钉钉之实，因此虽然从货币政策与汇率关系的角度上来说，利率的提高是有利于汇率上涨的，但是由于市场的预期在先，汇率已经将加息的预期消化殆尽。如果 12 月不加息，则笔者认为美元指数很可能会向下暴跌形成一根巨量阴线。

总　结

读者可能已经发现，在上述案例当中时常会发生宏观数据的发布在理论上是刺激汇率上涨，但是实际上汇率却背向而驰，由于基本面信息对标的价格的影响错综复杂，并不能够从单一的数据进行分析，笔者也仅是将部分较为重要的数据罗列出来而已，不能完全还原当时的基本面环境，因此确实有可能会发生此类情况。

当然还有一个更重要的原因则是部分基本面信息已经融入价格行为走势当中，当我们在进行真正的交易过程时，一定需要注意的是，基本面分析的运用与技术面分析的运用非常相似，当多个基本面信息发生共振的时候，价格的走势大概率是确定的；如果当基本面信息与技术面分析得出的结论相共振的时候，价格之后的走势大概率也将会是确定的（见本章案例 1）。

不过基本面分析的缺点也是显而易见的，整个基本面的环境变化是相当漫长的，但是一旦基本面环境形成之后会对价格趋势造成巨大的影响，因此对短线投资者的交易指导作用会比较弱，但如果你是一名中长线投资者，又把一目均衡表只当作是一个趋势型技术指标，那么我相信用基本面分析来配合一目均衡表将会对你的交易有非常大的帮助。

附录 1 BIAS 指标代码

```
#property copyright "Copyright 2018, www.iforexbrainy.com"
#property version   "1.00"
#property strict
#property indicator_separate_window
#property indicator_buffers 3
#property indicator_plots   3
//--- plot ma_1
#property indicator_label1  "ma_1"
#property indicator_type1    DRAW_LINE
#property indicator_color1    clrYellow
#property indicator_style1    STYLE_SOLID
#property indicator_width1    1
//--- plot ma_2
#property indicator_label2   "ma_2"
#property indicator_type2    DRAW_LINE
#property indicator_color2    clrDarkOrange
#property indicator_style2   STYLE_SOLID
#property indicator_width2    1
//--- plot ma_3
#property indicator_label3   "ma_3"
#property indicator_type3    DRAW_LINE
#property indicator_color3    clrRed
#property indicator_style3    STYLE_SOLID
```

```
#property indicator_width3   1
//--- plot indicator_level
#property indicator_level1 0.00
#property indicator_levelcolor clrWhite
#property indicator_levelstyle STYLE_DOT
//--- input parameters
input int      ma_1=6;
input int      ma_2=12;
input int      ma_3=24;
//--- indicator buffers
double         ma_1Buffer[];
double         ma_2Buffer[];
double         ma_3Buffer[];
//+----------------------------------+
//| Custom indicator initialization function      |
//+----------------------------------+
int OnInit ()
   {
//--- indicator buffers mapping
   if (Bars<ma_3) return (INIT_FAILED);
   SetIndexBuffer (0, ma_1Buffer);
   SetIndexBuffer (1, ma_2Buffer);
   SetIndexBuffer (2, ma_3Buffer);
//---
   return (INIT_SUCCEEDED);
   }
//+----------------------------------+
//| Custom indicator iteration function      |
//+----------------------------------+
int OnCalculate (const int rates_total,
```

```
                const int prev_calculated,

                const datetime &time[],

                const double &open[],

                const double &high[],

                const double &low[],

                const double &close[],

                const long &tick_volume[],

                const long &volume[],

                const int &spread[])

   {

     if (rates_total<ma_3) return (0);
//---

       for (int i=0; i<rates_total−ma_3; i++)

         {

         //---


ma_1Buffer[i] =(close[i] −iMA (Symbol (), PERIOD_CURRENT, ma_1,0, MODE_SMA,
PRICE_CLOSE, i))/iMA(Symbol(), PERIOD_CURRENT, ma_1,0, MODE_SMA,PRICE_
CLOSE, i)*100;


ma_2Buffer[i] =(close[i] −iMA (Symbol (), PERIOD_CURRENT, ma_2,0, MODE_SMA,
PRICE_CLOSE, i))/iMA(Symbol(), PERIOD_CURRENT, ma_2,0, MODE_SMA,PRICE_
CLOSE, i)*100;


ma_3Buffer[i] =(close[i] −iMA (Symbol (), PERIOD_CURRENT, ma_3,0, MODE_SMA,
PRICE_CLOSE, i))/iMA(Symbol(), PERIOD_CURRENT, ma_3,0, MODE_SMA,PRICE_
CLOSE, i)*100;

         }


//--- return value of prev_calculated for next call
```

```
    return (rates_total);
  }
//+----------------------------------+
```

附录 2　顾比均线代码

```
#property copyright "Copyright 2018，www.iforexbrainy.com"
#property version    "1.00"
#property strict
#property indicator_chart_window
#property indicator_buffers 12
#property indicator_plots   12
input int method=0；
//--- plot Label1
#property indicator_label1  "Label1"
#property indicator_type1   DRAW_LINE
#property indicator_color1   clrRed
#property indicator_style1   STYLE_SOLID
#property indicator_width1   1
//--- plot Label2
#property indicator_label2   "Label2"
#property indicator_type2   DRAW_LINE
#property indicator_color2   clrRed
#property indicator_style2   STYLE_SOLID
#property indicator_width2   1
//--- plot Label3
#property indicator_label3  "Label3"
#property indicator_type3   DRAW_LINE
#property indicator_color3   clrRed
```

```
#property indicator_style3    STYLE_SOLID
#property indicator_width3    1
//——— plot Label4
#property indicator_label4    "Label4"
#property indicator_type4    DRAW_LINE
#property indicator_color4    clrRed
#property indicator_style4    STYLE_SOLID
#property indicator_width4    1
//——— plot Label5
#property indicator_label5    "Label5"
#property indicator_type5    DRAW_LINE
#property indicator_color5    clrRed
#property indicator_style5    STYLE_SOLID
#property indicator_width5    1
//——— plot Label6
#property indicator_label6    "Label6"
#property indicator_type6    DRAW_LINE
#property indicator_color6    clrRed
#property indicator_style6    STYLE_SOLID
#property indicator_width6    1
//——— plot Label7
#property indicator_label7    "Label7"
#property indicator_type7    DRAW_LINE
#property indicator_color7    clrBlue
#property indicator_style7    STYLE_SOLID
#property indicator_width7    1
//——— plot Label8
#property indicator_label8    "Label8"
#property indicator_type8    DRAW_LINE
#property indicator_color8    clrBlue
```

```
#property indicator_style8   STYLE_SOLID
#property indicator_width8   1
//--- plot Label9
#property indicator_label9   "Label9"
#property indicator_type9    DRAW_LINE
#property indicator_color9   clrBlue
#property indicator_style9   STYLE_SOLID
#property indicator_width9   1
//--- plot Label10
#property indicator_label10   "Label10"
#property indicator_type10    DRAW_LINE
#property indicator_color10   clrBlue
#property indicator_style10   STYLE_SOLID
#property indicator_width10   1
//--- plot Label11
#property indicator_label11   "Label11"
#property indicator_type11    DRAW_LINE
#property indicator_color11   clrBlue
#property indicator_style11   STYLE_SOLID
#property indicator_width11   1
//--- plot Label12
#property indicator_label12   "Label12"
#property indicator_type12    DRAW_LINE
#property indicator_color12   clrBlue
#property indicator_style12   STYLE_SOLID
#property indicator_width12   1
//--- indicator buffers
double      Label1Buffer[];
double      Label2Buffer[];
double      Label3Buffer[];
```

```
double          Label4Buffer[];
double          Label5Buffer[];
double          Label6Buffer[];
double          Label7Buffer[];
double          Label8Buffer[];
double          Label9Buffer[];
double          Label10Buffer[];
double          Label11Buffer[];
double          Label12Buffer[];


int OnInit()
  {
    SetIndexBuffer (0, Label1Buffer);
    SetIndexBuffer (1, Label2Buffer);
    SetIndexBuffer (2, Label3Buffer);
    SetIndexBuffer (3, Label4Buffer);
    SetIndexBuffer (4, Label5Buffer);
    SetIndexBuffer (5, Label6Buffer);
    SetIndexBuffer (6, Label7Buffer);
    SetIndexBuffer (7, Label8Buffer);
    SetIndexBuffer (8, Label9Buffer);
    SetIndexBuffer (9, Label10Buffer);
    SetIndexBuffer (10, Label11Buffer);
    SetIndexBuffer (11, Label12Buffer);
    return (INIT_SUCCEEDED);
  }


int OnCalculate (const int rates_total,
                 const int prev_calculated,
                 const datetime &time [],
```

```
                const double &open[],
                const double &high[],
                const double &low[],
                const double &close[],
                const long &tick_volume[],
                const long &volume[],
                const int &spread[])
{
 int limit;
 int counted_bars=IndicatorCounted();
 if(counted_bars<0)return(-1);
 if(counted_bars>0)counted_bars--;
 limit=Bars-counted_bars;
 for (int i=0; i<limit; i++)
    {
    Label1Buffer[i]=iMA(NULL,0,3,0,method, PRICE_CLOSE,i);
    Label2Buffer[i]=iMA(NULL,0,5,0,method, PRICE_CLOSE,i);
    Label3Buffer[i]=iMA(NULL,0,8,0,method, PRICE_CLOSE,i);
    Label4Buffer[i]=iMA(NULL,0,10,0,method, PRICE_CLOSE,i);
    Label5Buffer[i]=iMA(NULL,0,12,0,method, PRICE_CLOSE,i);
    Label6Buffer[i]=iMA(NULL,0,15,0,method, PRICE_CLOSE,i);
    Label7Buffer[i]=iMA(NULL,0,30,0,method, PRICE_CLOSE,i);
    Label8Buffer[i]=iMA(NULL,0,35,0,method, PRICE_CLOSE,i);
    Label9Buffer[i]=iMA(NULL,0,40,0,method, PRICE_CLOSE,i);
    Label10Buffer[i]=iMA(NULL,0,45,0,method, PRICE_CLOSE,i);
    Label11Buffer[i]=iMA(NULL,0,50,0,method, PRICE_CLOSE,i);
    Label12Buffer[i]=iMA(NULL,0,60,0,method, PRICE_CLOSE,i);
    }
 return(rates_total);
}
```

附录 3　高低点指标代码

```
/*
该指标是基于 ichimoku 指标结合特定算法索引高低点，其形态类似于 zigzag 指标；

波峰分为高—A 和高—B 两种，波谷分为低—B 和低—C 两种；

高—A 和低—C 是多空力量最强的两种位置状态

该指标通用交易策略为：

向上突破高 A 点、B 点的时候做多，止损位前一低点（即低点 B 或者低点 C）
向下突破低 B 点、C 点的时候做空，止损位前一高点（即高点 A 或者高点 B）
*/


#property copyright "Copyright 2017, www.iforexbrainy.com"
#property link       "https://www.iforexbrainy.com"
#property version    "1.00"
#property strict
#property indicator_chart_window
#property indicator_buffers 1
#property indicator_plots   1
//--- plot Zig
#property indicator_label1  "之字转向"
#property indicator_type1    DRAW_SECTION
```

```
#property indicator_color1   clrBlueViolet
#property indicator_style1   STYLE_SOLID
#property indicator_width1   5
//---
input int depth_largest= 6;/* 巨量级别 */
input int interval= 50;/* 字体高度 */
input int font_size= 15;/* 字体大小 */
input color font_clr= clrCadetBlue;/* 字体颜色 */
//--- indicator buffers
double        TenkanBuffer[];
double        KijunBuffer[];
double        zig[];
//+--------------------------------+
//| Custom indicator initialization function              |
int limit,i,j,k,n,last_pos_H= int(),last_pos_L= int();
double  last_low =  EMPTY_VALUE,last_high =double (),max_ich,min_ich,max_oc,
min_oc;
double space,space_last;
int extremum =  int  (),lookfor =  int  (),max_bar_H_pos =  EMPTY,max_bar_L_pos =
EMPTY;
string text_h,text_l,text1,text2,obj_last_Hname= string(),obj_last_Lname= string();
double currnetHigh= double(),currnetLow= double();
//+--------------------------------+
void OnDeinit(const int reason)
  {
  //---
      if(!IsTesting())ObjectsDeleteAll(0,0,EMPTY);
  }
int OnInit()
  {
```

```
    if(!IsTesting())ObjectsDeleteAll(0,0,EMPTY);
    IndicatorDigits(Digits+1);
    IndicatorBuffers(3);
//--- indicator buffers mapping
    SetIndexBuffer(2,TenkanBuffer);
    SetIndexBuffer(1,KijunBuffer);
    SetIndexBuffer(0,zig);
    SetIndexDrawBegin(0,26);
    SetIndexEmptyValue(0,0.0);
    SetIndexEmptyValue(1,0.0);
    SetIndexEmptyValue(2,0.0);
//---
    return(INIT_SUCCEEDED);
  }
//+------------------------------------+
//| Custom indicator iteration function          |
//+------------------------------------+
int OnCalculate(const int rates_total,
                const int prev_calculated,
                const datetime &time[],
                const double &open[],
                const double &high[],
                const double &low[],
                const double &close[],
                const long &tick_volume[],
                const long &volume[],
                const int &spread[])
  {
//---
    if(prev_calculated==0)
```

```
      {
          ArrayInitialize(TenkanBuffer,0.0);
          ArrayInitialize(KijunBuffer,0.0);
          ArrayInitialize(zig,0.0);
          limit= Bars-26;
      }
      else limit= rates_total-prev_calculated;
  //---
  if(currnetHigh>0 && currnetLow==double())
    if(high[0]>currnetHigh)
      {
        //---
            currnetHigh= high[0];
            zig[0]= currnetHigh;
            last_pos_H= 0;
            //---
                for(k=1;k<last_pos_L;k++)zig[k]= double();
      }
  if(currnetLow>0 && currnetHigh==double())
    if(low[0]<currnetLow)
      {
       //---
            currnetLow= low[0];
            zig[0]= currnetLow;
            last_pos_L= 0;
            //---
                for(k=1;k<last_pos_H;k++)zig[k]= double();
      }
    //---
    for(i= limit-1;i>=0;i--)
```

```
   {
   //---
        TenkanBuffer[i]=
(high[iHighest(Symbol(),PERIOD_CURRENT,MODE_HIGH,9,i)]+low[iLowest(Symbol
(),PERIOD_CURRENT,MODE_LOW,9,i)])/2;
        KijunBuffer[i]=
(high [iHighest (Symbol (),PERIOD_CURRENT,MODE_HIGH,26,i)]+low [iLowest
(Symbol(),PERIOD_CURRENT,MODE_LOW,26,i)])/2;
        //---
        max_ich= MathMax(TenkanBuffer[i],KijunBuffer[i]);
        min_ich= MathMin(TenkanBuffer[i],KijunBuffer[i]);
        max_oc=  MathMax(close[i],open[i]);
        min_oc=  MathMin(close[i],open[i]);
        //---定义K线与一目均衡相交的五种区间
        if(min_oc>max_ich)space= 1.0;
        if(min_oc>min_ich && min_oc<max_ich && max_oc>max_ich)space=2.0;
        if(min_oc>min_ich && max_oc<max_ich)space= 3.0;
        if(min_oc<min_ich && max_oc<max_ich && max_oc>min_ich)space=4.0;
        if(max_oc<min_ich)space= 5.0;
        //---
        if(space_last==double())
          if(space!=space_last)
           space_last= space;
        //---
        lookfor=1;//lookfor 为 1 继续寻找极点,为 0 则调头
        //---K线跨越区间设置 lookfor 变量为 0
        if(MathAbs(space-space_last)>=2.0)
         if(MathMax(space,space_last)/2.0!=MathMin(space,space_last))
         {
          //---
```

```
                    if(extremum==1)//extremum 为 1 代表的是高点,为 2 代表低点
                     if(space_last<space)
                      lookfor= 0;
                    //---
                    if(extremum==2)
                     if(space_last>space)
                      lookfor= 0;
                    //---
                    if(extremum!=int())space_last= space;
                 }
              //---Initlization the first trough or peak
              if(extremum==int())//初始化首个高低点,首次发生跨区间之前会持续执行
       该代码段
                 {
                 //---
                    if(MathAbs(space-space_last)>=2.0)
                    if(MathMax(space,space_last)/2.0!=MathMin(space,space_last))
                     {
                      //---
                         for(j= i;j<limit;j++)
                         {
                          //---
                             if(high[j]>last_high)
                             {
                              //---
                                 last_high= high[j];
                                 last_pos_H= j;
                             }
                             //---
                             if(low[j]<last_low)
```

```
            {
                //---
                    last_low= low[j];
                    last_pos_L= j;
                }
            }
        //---
            if(space==1)text_h= "高-A";
            else text_h= "高-B";
            //---
            if(space==5)text_l= "低-C";
            else text_l= "低-B" ;
    //---跨区间代码段
            if(space_last<space)
            {
                    obj_last_Lname= "L-"+Symbol()+"-"+string(i);
                    creat_text (obj_last_Lname,Time [i],low [i] -interval*Point,
text_l);

                //---
                    zig[last_pos_H]= high[last_pos_H];
                    zig[i]= low[i];
                    for(k= last_pos_H+1;k<limit;k++)zig[k]= double();
                    for(n= i+1;n<last_pos_H;n++)    zig[n]= double();
                    last_pos_L= i;
                    extremum= 2;
            }
        //---
            if(space_last>space)
            {
                    obj_last_Hname= "H-"+Symbol()+"-"+string(i);
```

```
creat_text(obj_last_Hname,Time[i],high[i]+interval*Point,text_h);
                     //---
                         zig[last_pos_L]= low[last_pos_L];
                         zig[i]= high[i];
                         for(k= last_pos_L+1;k<limit;k++)zig[k]= double();
                         for(n= i+1;n<last_pos_L;n++)   zig[n]= double();
                         last_pos_H= i;
                         extremum= 1;
                     }
                  }
              }
          //---look for extremum continue
          if(extremum>int())//首次跨区间完成之后
          {
           //---Set maximum bar
              if(min_oc<min_ich && max_oc>max_ich)//处理巨量 K 线,出现巨量 K
线则调头
                  {
                   //---
                      max_bar_H_pos=iHighest(Symbol(),PERIOD_CURRENT,MODE_
HIGH,depth_largest,i);
                      max_bar_L_pos=iLowest(Symbol(),PERIOD_CURRENT,MODE_
LOW,depth_largest,i);
                      //---
                      if(extremum==1)//如果前一极点为高点则调头画低点
                      if(max_bar_L_pos==i && max_bar_H_pos>i)
                       {
                          obj_last_Lname= "L-"+Symbol()+"-"+string(i);
                          creat_text(obj_last_Lname,Time[i],low[i]-interval*Point,"
低-C");
```

```
            currnetHigh= double();
            currnetLow=  low[i];
        //---
            space_last= space= 5.0;
            extremum= 2;
        //---
            zig[i]=    low[i];
            last_low= low[i];
            for(j= i+1;j<last_pos_H;j++)zig[j]= double();
            last_pos_L= i;
        }
    //---
        if(extremum==2)
        if(max_bar_L_pos>i && max_bar_H_pos==i)
        {
            obj_last_Hname= "H-"+Symbol()+"-"+string(i);
creat_text(obj_last_Hname,Time[i],high[i]+interval*Point,"高-A");
            currnetHigh=high[i];
            currnetLow = double();
        //---
            space_last= space= 1.0;
            extremum= 1;
        //---
            zig[i]=    high[i];
            last_high= high[i];
            for(j= i+1;j<last_pos_L;j++)zig[j]= double();
            last_pos_H= i;
        }
    }
```

```
//---
    if(lookfor)//lookfor 为 1,继续寻找极点
    {
      //---
        if(extremum==1)//继续寻找高点
        {
          //---
            if(high[i]>last_high)
            {
ObjectMove(0,obj_last_Hname,0,Time[i],high[i]+interval*Point);
text1= ObjectGetString(0,obj_last_Hname,OBJPROP_TEXT);
                currnetHigh= high[i];
                currnetLow= double();
              //---
                zig[i]=    high[i];
                last_high= high[i];
                for(j= i+1;j<last_pos_L;j++)zig[j]= double();
                last_pos_H= i;
            }
          //---
            if(space==1 && StringFind(text1,"B",0)>0)
            {
              //---
                text1= "高-A";
ObjectSetString(0,obj_last_Hname,OBJPROP_TEXT,text1);
            }
          //---
                if(space_last>space)space_last= space;
        }
        if(extremum==2)
```

```
        {
        //---
            if(low[i]<last_low)
             {
                    text2 =ObjectGetString (0,obj_last_Lname,OBJPROP_
TEXT);
                    ObjectMove  (0,obj_last_Lname,0,Time [i],low [i]-
interval*Point);

                    currnetHigh= double();
                    currnetLow=  low[i];
             //---
                    zig[i]=    low[i];
                    last_low= low[i];
                    for(j= i+1;j<last_pos_H;j++)zig[j]= double();
                    last_pos_L= i;

             }
        //---
            if(space==5 && StringFind(text2,"B",0)>0)
             {
              //---
                text2= "低-C";
                ObjectSetString (0,obj_last_Lname,OBJPROP_TEXT,
text2);

             }
        //---
                if(space_last<space)space_last= space;

        }
     }
   //---Space had cross
        while(! lookfor)//lookfor 为 0,则调头
```

```
                    {
                        if(space==1)text_h= "高-A";
                         else text_h= "高-B";
                        //---
                        if(space==5)text_l= "低-C";
                         else text_l= "低-B" ;
                   //---
                     if(extremum==1)
                      {
                            obj_last_Lname= "L-"+Symbol()+"-"+string(i);
                            creat_text (obj_last_Lname,Time [i],low [i] -interval*Point,
text_l);

                            currnetHigh= double();
                            currnetLow=  low[i];
                        //---
                            extremum= 2;
                            zig[i]= low[i];
                            last_low= low[i];
                            last_pos_L= i;
                            for(j= i+1;j<last_pos_H;j++)zig[j]= double();
                            break;
                      }
                     if(extremum==2)
                      {
                            obj_last_Hname= "H-"+Symbol()+"-"+string(i);
                            creat_text(obj_last_Hname,Time [i],high [i]+interval*Point,
text_h);

                            currnetHigh= high[i];
                            currnetLow=  double();
                        //---
```

```
                    extremum= 1;
                    zig[i]= high[i];
                    last_high= high[i];
                    last_pos_H= i;
                    for(j= i+1;j<last_pos_L;j++)zig[j]= double();
                    break;
                }
            }
        }
    }
//––– return value of prev_calculated for next call
   return(rates_total);
   }
//+––––––––––––––––––––––––––––––––––––––––––––––+
void creat_text(string objname,datetime time1,double price1,string text)
{
//–––
    ObjectCreate(0,objname,OBJ_TEXT,0,time1,price1);
    ObjectSetString(0,objname,OBJPROP_TEXT,text);
    ObjectSetString(0,objname,OBJPROP_FONT,"新楷体");
    ObjectSetInteger(0,objname,OBJPROP_FONTSIZE,font_size);
    ObjectSetInteger(0,objname,OBJPROP_COLOR,font_clr);
    ObjectSetInteger(0,objname,OBJPROP_BACK,true);
    ObjectSetInteger(0,objname,OBJPROP_SELECTABLE,false);
}
```